Fé & Obras

Ensinos de Tiago para uma Vida Cristã Autêntica

Alexandre Coelho e Silas Daniel

Fé & Obras

Ensinos de Tiago para uma Vida Cristã Autêntica

Alexandre Coelho e Silas Daniel

1ª Edição

CPAD

Rio de Janeiro
2014

Preparação dos originais: Verônica Araujo
Capa: Wagner de Almeida
Projeto gráfico e editoração: Fagner Machado

CDD: 220 - Comentário Bíblico
ISBN: 978-85-263-1156-5

As citações bíblicas foram extraídas da versão Almeida Revista e Corrigida, edição de 1995, da Sociedade Bíblica do Brasil, salvo indicação em contrário.

Para maiores informações sobre livros, revistas, periódicos e os últimos lançamentos da CPAD, visite nosso site: http://www.cpad.com.br.

SAC — Serviço de Atendimento ao Cliente: 0800-021-7373

Casa Publicadora das Assembleias de Deus

Av. Brasil, 34.401 – Bangu – Rio de Janeiro – RJ

CEP 21.852-002

1ª edição: Maio 2014 /Tiragem 35.000

Sumário

Prefácio

A Epístola de Tiago é um dos mais antigos escritos do Novo Testamento e um dos mais importantes textos bíblicos sobre a verdadeira vida de piedade. Simplesmente, nenhum outro texto do Novo Testamento é mais direto e enfático sobre a relação entre a fé e as obras na vida do verdadeiro cristão.

Os dois propósitos dessa carta apostólica estão explicitados já em seu primeiro capítulo: encorajar os cristãos judeus dispersos pelo Império Romano devido à perseguição (Tg 1.1) a encararem positivamente as várias provações pelas quais passavam por causa da sua fé (Tg 1.2), de maneira a serem edificados e fortalecidos na fé em meio a essas provações (Tg 1.3,4); e ensinar qual é a verdadeira religião (Tg 1.27), no que consiste a verdadeira vida de piedade, isto é, qual o resultado prático da verdadeira fé em Jesus

(Tg 1.22-26). A síntese de tudo é: "...a fé, se não tiver as obras, é morta em si mesma" (Tg 2.17).

Outra característica marcante da Epístola de Tiago é a sua relação íntima com os ensinos de Jesus expressos nos Evangelhos. Não que as outras epístolas também não tenham essa relação, mas esses ensinos do Mestre geralmente aparecem nas epístolas de Paulo, Pedro, João e Judas aplicados ao tratamento de problemas específicos que surgiram no caminhar da Igreja no primeiro século da Era Cristã, enquanto na Epístola de Tiago ainda encontramos uma proximidade dos ensinos do bispo de Jerusalém com as aplicações mais imediatas dos ensinos de Jesus. Talvez isso aconteça porque essa epístola foi escrita provavelmente durante a primeira geração de cristãos da Igreja Primitiva. Nessa época, ainda estava vivo um grande número daqueles que haviam conhecido Jesus pessoalmente e, por isso, algumas necessidades apologéticas, que tomariam boa parte dos escritos apostólicos nos anos seguintes, ainda não haviam surgido.

O *Comentário Bíblico Pentecostal do Novo Testamento* (CPAD) traz um excelente paralelo entre os ensinos de Tiago e as palavras de Jesus, o que denotam a imensa familiaridade que o meio-irmão de Cristo tinha com os ensinos de seu Senhor. Se não, vejamos.

Tiago fala de júbilo na perseguição (Tg 1.2; Mt 5.11,12; Lc 6.22,23); do propósito de ser perfeito e maduro (Tg 1.4; Mt 5.48); pedir e receber de Deus (Tg 1.5; Mt 7.7; Lc 11.19); de pedir com fé e sem duvidar (Tg 1.6; Mt 21.21,22; Mc 11.22-24); da mudança do orgulho à humildade (Tg 1.9,10; 4.6,10; Mt 23.12; Lc 14.11; 18.14); da metáfora do sol escaldante, que faz com que as plantas definhem (Tg 1.11; Mt 13.6; Mc 4.7); de Deus como provedor dos dons (Tg 1.17; Mt 7.11; Lc 11.13); da necessidade de não só ouvir, mas também praticar a Palavra de Deus (Tg 1.22; 2.14,17; Mt 7.21-27; Lc 6.46-49); da compaixão pelos necessitados e aflitos (Tg 1.27; 2.15; Mt 25.34-36); de os pobres herdarão o Reino de Deus (Tg 2.5; Mt 5.3; Lc 6.20); de amar o próximo com a si mesmo (Tg 2.8; Mt 22.39; Lc 12.31); de não infringir o menor mandamento sequer (Tg 2.10; Mt 5.19); do julgamento daqueles que não demonstram misericórdia (Tg 2.13; Mt 18.23-34; 25.41-46); de tornar-se amigo de Deus pela obediência (Tg 2.23; Jo 15.13-15); dos mestres sendo julgados com maior severidade (Tg 3.1; Mc 9.38,40; Lc 20.45,47); de sermos julgados pelo que dizemos (Tg 3.2; Mt 12.37); que o que corrompe é aquilo que sai de nossas bocas (Tg 3.6; Mt 15.11,18; Mc 7.15,20; Lc 6.45); que a mesma fonte não pode produzir o bem e o mal (Tg 3.11,12; Mt 7.16-18; Lc 6.43,44); que os pacificadores serão abençoados (Tg 3.18; Mt 5.9); de um povo espiritualmente adúltero (Tg 4.4; Mt 12.39; Mc 8.38); da amizade com o mundo significado inimizade com Deus e vice-versa (Tg 4.4; Jo 15.18-21); do riso transformado em pranto (Tg 4.6; Lc 6.25); sobre julgarmos os semelhantes (Tg 4.11,12; 5.9; Mt 7.1,2); que Deus pode tanto salvar como destruir (Tg 4.12; Mt 10.28); da tolice de planejar o futuro de modo independente de Deus (Tg 4.13,14; Lc 12.18-20); da punição para aqueles que conhecem a vontade de Deus e se recusam a cumpri-la (Tg 4.17; Lc 12.47); de um Ai sobre os ricos injustos (Tg 5.1; Lc 6.24); da riqueza removida pela traça e pela ferrugem (Tg 5.2,3; Mt 6.19,20); da autoindulgência sem qualquer preocupação pelos pobres (Tg 5.5; Lc 16.19,20,25); que o retorno do Juiz está às portas (Tg 5.9; Mt 24.33; Mc 13.39); sobre a perseguição aos profetas (Tg 5.10; Mt 5.10-12); de não fazer juramentos (Tg 5.12; Mt 5.33-37); e de recuperar os irmãos e as irmãs que haviam se perdido (Tg 5.19-20; Mt 18.15).[1]

Esta epístola também é especial porque Tiago foi o primeiro líder da Igreja Primitiva. Sua liderança transparece em passagens como Atos 12.17, quando Pedro, após sair milagrosamente da

---

1 ARRINGTON, French L.; STRONSTAD, Roger; *Comentário Bíblico Pentecostal do Novo Testamento*, 2004, CPAD, p. 1663.

prisão, pede para que sua libertação seja anunciada "a Tiago e aos irmãos"; em Atos 15, quando ele ocupa uma posição de liderança no primeiro concílio da Igreja, resumindo a questão em debate (vv.13-18), dando a sentença sobre a questão (vv.19-21) e tendo o seu conselho fielmente seguido por todos (vv.22-31); e em Atos 21.18, quando Paulo, ao chegar a Jerusalém após a sua terceira viagem missionária, foi encontrar-se com "Tiago e todos os presbíteros" (v.18). Portanto, estudar a Epístola de Tiago é ter o privilégio de sentar-se aos pés de um dos maiores nomes da Igreja Primitiva, com alguém que conviveu pessoalmente com Jesus desde a sua infância e, depois de um período inicial de resistência, teve conversas particulares com o Cristo ressuscitado (1 Co 15.7) as quais mudaram a sua vida para sempre.

Tiago foi tão especial em seus dias que conta o historiador judeu Flávio Josefo, seu contemporâneo, em trecho desaparecido de sua obra *Antiguidades Judaicas*, que após a destruição de Jerusalém no ano 70 d.C., muitos judeus creditaram a destruição da cidade a um castigo de Deus pelo martírio do santo Tiago, chamado de "O Justo". Pais da Igreja como Orígenes (185-254 d.C.), Eusébio de Cesareia (260-339 d.C.) e Jerônimo (347-420 d.C.) comentam essa passagem de Josefo, conhecida ainda na época deles.[2] Segundo eles, dizia Josefo expressamente: "Essas coisas [a destruição de Jerusalém] aconteceram com os judeus em represália pelo que fizeram a Tiago, o Justo, que era irmão de Jesus, conhecido como o Cristo, pois embora ele fosse o mais justo dos homens, os judeus o mataram".[3] Josefo cita o martírio de Tiago e a revolta pela injustiça ocorrida contra ele em um trecho de *Antiguidades Judaicas* que permanece ainda entre nós. Diz ele, inclusive, que Albino, então governador da Judeia, atendendo a protestos de muitos ju-

---

2 ASLAN, Reza, *Zelota: a Vida e a Época de Jesus de Nazaré*, Zahar, 2013, capítulo 15.

3 ASLAN, Ibid.

deus, depôs o sumo sacerdote Anano, da seita dos saduceus, pela injustiça cometida contra Tiago, que fora assassinado por apedrejamento a mando de Anano.[4]

Por todas essas razões, a Epístola de Tiago é uma preciosidade, sobretudo pelos seus ensinos preciosos acerca da vida cristã prática, a respeito da essência do verdadeiro cristianismo.

Estudemos, pois, os escritos de Tiago, o Justo, e aprendamos um pouco mais sobre a verdadeira vida de piedade.

Bibliografia utilizada neste prefácio

ARRINGTON, French L.; STRONSTAD, Roger; *Comentário Bíblico Pentecostal do Novo Testamento*. Rio de Janeiro: CPAD, 2004.

ASLAN, Reza, *Zelota: a Vida e a Época de Jesus de Nazaré*. Rio de Janeiro: Zahar, 2013.

JOSEFO, Flávio, *História dos Hebreus*, Rio de Janeiro: CPAD, 2000.

Ou: JOSEFO, Flávio, *Antiguidades Judaicas*, Livro XX, Capítulo VIII, Parágrafo 856.

---

4 JOSEFO, Flávio, *História dos Hebreus*, Rio de Janeiro: CPAD, 2000,p. 465. Ou: JOSEFO, Flávio, *Antiguidades Judaicas*, Livro XX, Capítulo VIII, Parágrafo 856.

1
Capítulo

Tiago — Fé que se mostra pelas obras

Alexandre Coelho

Introdução

A Carta de Tiago é a primeira do grupo de epístolas consideradas como escritos gerais. Tais epístolas recebem essa designação por não serem endereçadas especificamente a qualquer grupo que possa ser identificado de imediato. Outra denominação dada a este grupo de escritos é "escritos católicos", por serem cartas gerais. Essa designação nada tem a ver com o nome da Igreja Católica Apostólica Romana.

Autor

Comecemos nosso breve estudo pela questão da autoria desta Carta. O nome Tiago não era incomum nos dias de Jesus, e no Novo Testamento ocorrem ao menos quatro citações a pessoas que tinham esse nome:

- Tiago, pai de Judas (Lc 6.16);

- Tiago, filho de Zebedeu e irmão de João;
- Tiago, filho de Alfeu. Há estudiosos que o identificam como Tiago, o pequeno, filho de Maria (Mc 15.40).

Tiago, irmão do Senhor. Esta tem sido a teoria mais corrente em relação à autoria desta Carta. Paulo o destaca como apóstolo (Gl 1.19), um homem que era considerado um dos pilares da igreja.

D. A. Carson aborda dessa forma a pluralidade de candidatos à autoria:

> Destes quatro [Carson cita Tiago, filho de Zebedeu e irmão de João, Tiago filho de Alfeu, Tiago o menor e Tiago, irmão do Senhor], o último é de longe o mais óbvio candidato à autoria desta carta. Tiago, o pai de Judas é por demais obscuro para ser seriamente considerado; o mesmo vale, num grau menor, para Tiago, o filho de Alfeu. Por outro lado, Tiago, o filho de Zebedeu, tem um papel de destaque entre os Doze, mas a data de seu martírio — 44 d.C. (Veja At 12.2) — é provavelmente muito cedo para que o liguemos à carta. Resta, então, Tiago, o irmão do Senhor, que certamente é o Tiago mais proeminente na Igreja Primitiva.[1]

Há ainda estudiosos que entendem que essa carta é de autoria anônima. Sobre esse assunto, Carson comenta:

> Poucos estudiosos têm atribuído a carta a um Tiago desconhecido. Mas embora isso seja possível e não conflite em nenhum aspecto com nada existente na própria carta, a simplicidade da identificação do autor indica um indivíduo bem conhecido — e uma pessoa tão bem conhecida seria provavelmente mencionada no Novo Testamento.

Depois de brevemente apresentadas as teorias, a Igreja Cristã tem tido em Tiago, o irmão de Jesus e bispo em Jerusalém, o autor dessa carta que atravessou os séculos e até hoje fala com toda a igreja.

---

1 CARSON, D. A., *Introdução ao Novo Testamento*. São Paulo: Vida Nova, 2002, p. 455

Data

A carta de Tiago já recebeu diversas propostas de datação. Esta tem sido determinada por alguns especialistas como tendo sido escrita em 45 ou 62 d.C. Os argumentos orbitam da seguinte forma para se deduzir que foi escrita em um desses períodos.

> Para Tiago, as obras são uma forma de demonstrar que uma pessoa é salva, afastando assim o pensamento de que o cristão não tem um compromisso de demonstrar seu evangelho com práticas adequadas.

Conforme Josefo, o martírio de Tiago ocorreu em 62 d.C, portanto, ele teve de escrever antes desse período sua carta. A epístola não faz menção sobre a controvérsia de judeus e cristãos entre os anos 50 e 60. Como relata o livro de Atos, Tiago foi o chamado "moderador" do Concílio de Jerusalém, evento que provavelmente teria sido realizado o ano 50 d.C. e que discutiu a chegada de gentios no seio da igreja cristã. E há estudiosos que entendem que como a Carta de Tiago não cita o apóstolo Paulo, é provável que Tiago escreveu sua Carta antes de Paulo ter sido considerado um obreiro de destaque.

Destinatários

O autor da carta indica que seus destinatários são as "12 tribos que estão dispersas". Como os judeus foram os primeiros convertidos à fé cristã, principalmente porque o evangelho de Jesus foi primeiramente pregado a eles, e a Igreja Primitiva teve sua origem em Jerusalém, não é difícil entender que esse escrito teria sido inicialmente para eles, mas isso não exclui a possibilidade de os gentios estarem sendo posteriormente incluídos nos sermões dessa epístola.

Timothy B. Cargal diz que

> Essa referência é claramente simbólica, se considerarmos que a estrutura tribal de Israel havia cessado de ser um conjunto literal de

doze tribos desde pelo menos a conquista da Assíria do Reino do Norte em 722 a. C. A questão que se apresenta, então, é: até que ponto Tiago estende aos seus leitores os elementos metafóricos de sua designação?

A interpretação mais "literal" da saudação é que cópias dessa carta foram enviadas aos judeus (às "doze tribos") que estavam vivendo fora da Palestina ("dispersos entre os gregos"; cf Jo 7.35). No entanto, levando em conta que a carta obviamente não representa um tratado evangelístico destinado a converter os judeus ao cristianismo, esse entendimento pode ser rapidamente excluído.

Os destinatários são apresentados como já possuindo a fé em Jesus Cristo (2.1) e, sendo assim, a linguagem a respeito das "doze tribos" é geralmente aceita como simbolizando a crença de que cristãos são agora o povo de Deus, e formam o novo Israel ou Israel espiritual.[2]

Partindo dessa orientação, podemos entender que os destinatários não eram apenas judeus, mas igualmente gentios que se tinham chegado à fé em Jesus Cristo e agora fariam parte da igreja cristã.

Local

Jerusalém tem sido considerada o local da confecção desta carta, apesar de ela mesma não trazer qualquer indicação de que tenha sido escrita lá. A base para essa teoria está mais vinculada à tradição da igreja. Pelo fato de essa carta ter circulado primeiramente na Palestina, como registram alguns pais da igreja como Orígenes, acredita-se que Jerusalém foi de fato a localidade de origem dessa epístola.

Acerca da Canonicidade da Carta de Tiago

Robert H. Gundry comenta que

> A epístola de Tiago encontrou algumas dificuldades para adquirir lugar no cânon do Novo Testamento. Diversos fatores aju-

[2] CARGAL, Timothy B., *Comentário Bíblico Pentecostal: Novo Testamento.* Rio de Janeiro: CPAD, 2009, p. 854.

dam-nos a explicar a hesitação da Igreja Primitiva quanto a isso: (1) a brevidade da epístola, sua natureza proeminentemente prática e não doutrinária, e a limitação do seu endereço a cristãos judeus — tudo o quWe, sem dúvida, retardou uma mais ampla circulação da mesma; (2) o fato que Tiago não fora um dos doze apóstolos originais; e (3) a incerteza a respeito da identidade de Tiago..."[3]

Erich Mauerhofer diz que "Eusébio cita Tiago entre as cartas ainda não aceitas universalmente, mas que não deixaram de ser lidas pubicamente e são consideradas canônicas em grande número de igrejas".[4] Esse mesmo escritor diz que Cirilo de Jerusalém considera Tiago entre os escritores cujas cartas católicas pertencem ao cânon do Novo Testamento, e Jerônimo disse que "Tiago, chamado irmão do Senhor, com o cognome Justo [...] escreveu somente uma carta que se encontra entre as sete cartas católicas. Foi publicada e acrescentada sob o nome dele, ainda que tenha alcançado (sua) autoridade (somente) aos poucos com o passar do tempo".[5]

Lutero se posicionou contrário a essa carta, especialmente quando escreveu o prefácio de sua tradução do Novo Testamento em 1522:

> O evangelho de João e sua primeira epístola, as epístolas de Paulo, especialmente Romanos, Gálatas e Efésios, e a primeira epístola de Pedro são livros que te mostram Cristo e te ensinam tudo o que é necessário e salvífico conhecer, ainda que jamais vejas ou escutes outro livro ou doutrina. Por isso, a epístola de Tiago, comparada com eles, é realmente uma epístola de palha, já que não há nenhuma característica evangélica nela.

De acordo com Werner Fuchs, "Na segunda edição, Lutero retirou a expressão epístola de palha (refugo). Sua conceituação de Tiago transparece melhor no prefácio à própria carta, também em 1522:

---

3 GUNDRY, Robert H., *Panorama do Novo Testamento.* São Paulo: Vida Nova, p. 385.

4 MAUERHOFER, Erick., *Uma Introdução aos Escritos do Novo Testamento.* São Paulo: Editora Vida, 2010, p. 508.

5 MAUERHOFER, Ibidem p. 509.

> Mesmo que tenha sido rejeitada pelos antigos, eu louvo esta epístola e a considero boa, pelo fato dela não propor doutrina humana, e por promover duramente a lei de Deus. Para dar minha opinião, porém, sem prejuízo de ninguém, considero-a não escrita por apóstolo. Primeiro porque, contrariamente a Paulo e toda a Escritura, ela dá justiça às obras [...] Segundo, porque ao querer ensinar a cristãos, não lembra em sua longa doutrina o sofrimento, a ressurreição, o Espírito de Cristo [...] Tiago não faz outra coisa do que instar para a lei e suas obras, misturando tão confusamente uma coisa na outra que imagino que tenha sido algum homem bom e piedoso que captou alguns ditos de discípulos dos apóstolos e assim os lançou sobre o papel [...] Designa a lei como lei da liberdade (1.25), sendo que Paulo a chama de lei da servidão, da ira, da morte e do pecado (Gl 3.23s e Rm 7.11,23) [...] Em suma, ele quis combater os que confiavam na fé sem obras, e foi fraco demais. Quer alcançá-lo pela promoção da lei, quando os apóstolos o conseguem atraindo para o amor. Por isso eu não posso colocá-lo entre os livros principais, mas com isso não quero impedir ninguém a fazê-lo, e a destacá-lo como lhe apetece, pois no mais contém muitas boas afirmações.[6]

Por esses escritos, percebemos que Lutero reconsiderou seu pensamento sobre a Carta de Tiago, e corroborou seus ensinos, ainda que com certa reserva por causa dos temas abordados.

Propósitos

Já foi dito que a "...epístola de Tiago é a menos doutrinária e mais prática de todos os livros do Novo Testamento".[7] É um verdadeiro manual de conduta cristã, o que não diminui em nada o seu valor diante dos textos considerados mais teológicos. Isso deve deter nossa atenção de forma peculiar. Não raro, somos con-

---

6 http://www.luteranos.com.br/conteudo/tiago-1-12-18, acessado no dia 27/04/2014.

7 GUNDRY, Robert H., *Panorama do Novo Testamento.* São Paulo: Vida Nova, p. 384.

frontados não por nosso pensamento teológico, mas pela nossa prática cotidiana. É triste ouvir um comentário acerca de uma pessoa que detém um conhecimento teológico apurado mas cujas práticas não condizem com a teologia que ela ensina ou pesquisa. Pensamento teológico correto é desejável, mas a prática correta dos preceitos bíblicos é mais importante. Um pensamento teológico estéril será manifesto em uma vida estéril de boas obras.

A atualidade da Carta de Tiago

A Carta de Tiago é uma obra para os nossos dias. Se observarmos as ênfases que o escritor dá em seus breves sermões, perceberemos que a Igreja do século XXI se encaixa devidamente como leitora e destinatária, da mesma forma que a igreja do século I.

Obras e salvação. Esse assunto dividiu em diversos momentos o pensamento teológico cristão. Lutero chamou a *Carta de Tiago* de *Carta de Palha*, e questionou sua validade no Cânon por entender que Tiago dá mais ênfase às obras do que à salvação pela fé. O reformador — que viveu em uma cultura em que as obras eram tidas pela igreja romana como uma forma de se chegar ao céu, sem a necessidade da fé em Jesus Cristo — tinha em mente o apreço ao que o apóstolo Paulo falava sobre a salvação pela fé. Entretanto, precisamos saber que Paulo e Tiago tratam desses dois temas para públicos diferentes e situações diferentes. Em Paulo, as obras não justificam as pessoas, pois elas são insuficientes para a salvação. Para

> A Carta de Tiago é um verdadeiro manual de conduta cristã, o que não diminui em nada o seu valor diante dos textos considerados mais teológicos. Isso deve deter nossa atenção de forma peculiar. Não raro, somos confrontados não por nosso pensamento teológico, mas pela nossa prática cotidiana.

Tiago, as obras são uma forma de demonstrar que uma pessoa é salva, afastando assim o pensamento de que o cristão não tem um compromisso de demonstrar seu evangelho com práticas adequadas. O cristão pratica boas obras porque é salvo, e não para ser salvo.

Uso da língua. A língua tem um poder trazer palavras que podem edificar grupos inteiros, mas também de colocar em cheque a reputação de uma pessoa. Por isso, ela deve ser dominada em todos os sentidos. Mesmo pequena, ela pode direcionar a vida de uma pessoa como um leme, e como uma chama que incendeia uma floresta, assim ela pode destruir uma pessoa e sua reputação. Por isso, é necessário ter sabedoria para não fazer da língua um instrumento de bênção e ao memso tempo, de maldição, pois isso é inconveniente aos santos de Deus.

A sabedoria de Deus. A sabedoria divina é apresentada em contrapartida à sabedoria humana e a diabólica. Somos incentivados a ter uma vida que espelhe a sabedoria de Deus em nossos atos e palavras. Deus é tão solícito em nos dar sabedoria que a oferece de graça, sem lançar em rosto o que nos deu. Entretanto, da mesma forma que Tiago diz que Deus tem prazer em nos dar sua sabedoria, ele nos cobra que a utilizemos sempre e em prol do seu Reino, em nosso dia a dia e atitudes, a fim de que possamos espelhar os valores do evangelho.

A verdadeira religião. Mais que um conjunto resumido de práticas e dogmas, a verdadeira fé é voltada para a prática. Pensemos, por exemplo, no fato que Tiago aborda o cuidado com os pobres e viúvas. Nossa sociedade, por mais próspera que seja, tende a se esquecer daqueles que não tem uma vida produtiva, que não estão inseridos no mercado de trabalho ou que não podem contribuir com seus recursos para as instituições. Mas para Tiago, são justamente essas pessoas que mais precisam da ajuda do povo de Deus.

Cuidado com as riquezas. A Bíblia nos fala que muitos homens de Deus foram ricos e tiveram muitos bens, e mais que isso, eles tinham uma grande comunhão com Deus. Mas a Bíblia também fala que as riquezas podem seduzir as pessoas de tal forma, que as tornam arrogantes, prepotentes, injustas, gananciosas e opressoras. O dinheiro é um excelente servo, mas um patrão terrível. Por isso, é preciso primeiramente não confiar nas riquezas, e não se esquecer de Deus. Depois, é preciso tratar de forma correta as pessoas que possuem menos recursos do que os ricos. E a igreja deve se conscientizar de que não pode fazer acepção de pessoas, dando lugares privilegiados aos ricos e mostrando desprezo pelos pobres. Ainda nesse aspecto de riquezas, John Stott acrescenta sobre os crentes ricos das comunidades em que essa carta circulou: "Tiago se refere ao 'irmão que é rico'. Sua mensagem a esse irmão não deve gloriar-se em razão de sua alta posição, e sim de seu status insignificante! Porque, como Jó, ele 'passará como a flor da erva' diante do sol. Enquanto isso, ele tem a responsabilidade de utilizar sua riqueza em favor do pobre (2.14-16)".[8]

Discurso vazio de práticas. Tiago diversas vezes chama a atenção de seus leitores em relação a discursos sem prática diária. Para o apóstolo, é preciso conjugar o que falamos com o que fazemos, ou nossas palavras cairão no vazio. Não basta falar bonito ou saber o que falar, se não houver ação. Portanto, agir de forma conjugada faz a diferença na vida do servo de Deus. Sem dúvida, esse tem sido um dos maiores problemas da igreja em nossos dias. Não raro, muito do que é falado nos púlpitos raramente é praticado, e isso tem colocado o testemunho de muitos em desvantagem.

A segunda vinda de Jesus. Tiago pede que sejamos pacientes até o retorno do Senhor. Sabemos que Jesus Cristo virá, mas não sabemos quando. Temos certeza de que não vai demorar a sua vin-

---

[8] Stott, John, *Homens com uma Mensagem*. São Paulo: Cultura Cristã, 1996, p. 124.

da, pois os sinais dela estão cada dia mais visíveis. Entretanto, há pessoas que mesmo na congregação estão como adormecidas em relação ao retorno do Senhor, esquecendo-se desse evento prometido nas Escrituras. Vivem como se Jesus demorasse a voltar, e há aqueles que duvidam que um dia o Senhor Jesus retorne. Entre a indiferença e a incredulidade, devemos ter esperança. Tiago usa o exemplo de um agricultor, que semeia e espera a chuva a seu tempo, e com paciência vê o fruto do seu trabalho. O retorno do Senhor é certo, e devemos estar prontos para que subamos com Ele.

A oração. Tiago completa sua obra falando sobre oração. Ele argumenta que a oração de um justo pode muito em seus efeitos, e nos insta que estejamos no altar do Senhor, buscando-o. Ele fala sobre a oração da fé, pela cura de um enfermo e pelo perdão dos pecados. O maior exemplo que Tiago oferece é o do profeta Elias, um homem que pouco difere de nós, mas que orou e viu o resultado de sua oração na ausência de chuvas em Israel. Tido por herói, Elias foi um exemplo de homem dedicado á oração e à comunhão com Deus, e esse mesmo exemplo pode ser seguido pelos crentes em nossos dias. Claro que não vamos orar pedindo que não chova em nosso país, mas precisamos ter em mente que nossas orações são ouvidas por Deus, e que apesar de nossa pequenez, temos um Deus que tem prazer em nos ouvir.

A Teologia na Carta de Tiago

Já foi dito que a Carta de Tiago não é teológica. Na verdade, a teologia de Tiago é muito mais voltada à pática do que à contemplação. A preocupação dele é demonstrada nas muitas recomendações a que a fé cristã seja manifesta por meio de atitudes.

Sobre esse tema, Buist M. Fanning comenta que

> A epístola de Tiago é conhecida e amada por suas exortações penetrantes a respeito da vida prática cristã. Geralmente não é lembrada por sua teologia. Na verdade, um comentarista proemi-

nente afirma que a epístola de Tiago "não tem teologia". De fato, Tiago não enfatiza temas teológicos como fazem outros escritores bíblicos. Por exemplo, a epístola não faz menção explícita à encarnação, à cruz nem à ressurreição de Jesus. Talvez não haja menção ao Espírito Santo (debate-se Tg 4.5), muito pouca menção à nova vida em Cristo e à doutrina clara da igreja e muito pouca ao plano da salvação de Deus operado na história.

O que Tiago fornece é exortação evidente, e deve-se esperar isso à luz do propósito indicado por ele em sua epístola para escrevê-la. Ele não escreve com a finalidade de corrigir problemas doutrinários, mas para incentivar os cristãos a agir de acordo com o que acreditam, a serem "cumpridores da palavra e não somente ouvintes" (1.22). Embora Tiago enfatize a vida prática cristã, ele revela seus fundamentos teológicos e contribui com percepções distintas para a teologia cristã.

Este é o panorama da Epístola de Tiago. Nos próximos capítulos abordaremos outros assuntos dessa carta tão atual e necessária para a igreja cristã

Bibliografia utilizada neste capítulo:

Manual da Bíblia de Aplicação Pessoal. CPAD

Vincent – Estudo no Vocabulário Grego do Novo Testamento. CPAD

Mathew Henry – Comentário Bíblico do Novo Testamento. Atos a Apocalipse. CPAD

Comentário Bíblico Beacon – Volume 10. CPAD

Comentário Bíblico pentecostal do Novo Testamento – Volume 2. CPAD

Comentário do Novo Testamento Aplicação Pessoal. CPAD

Teologia do Novo Testamento. Roy B Zuck. CPAD

Dicionário Vine. CPAD

Dicionário Bíblico Wycliffe. CPAD.

O Novo Testamento Interpretado Versículo por Versículo. Russel Norman Champlin. Milenium.

Uma Introdução aos Escritos do Novo Testamento. Erick Mauerhofer, Editora Vida.

Estudos no Cristianismo não Paulino. F F Bruce. Shedd Publicações.

Homens com uma Mensagem. John Stott. Cultura Cristã

Introdução ao Novo Testamento. D. A. Carson, Douglas J. Moo e Leon Morris. Vida Nova.

O Novo Testamento, sua Origem e Análise. Merril C. Tenney. Vida Nova.

Panorama do Novo Testamento. Robert H. Gundry. Vida Nova.

2
Capítulo

O propósito da tentação

Silas Daniel

Por estar escrevendo "às doze tribos que andam dispersas" (Tg 1.1), isto é, provavelmente aos cristãos judeus que se encontravam espalhados entre as nações devido à primeira onda de perseguição ao Cristianismo no início da Igreja Primitiva (At 8.1; 11.19), o primeiro assunto que o bispo de Jerusalém trata em sua epístola é justamente a provação. Mais especificamente, ao dirigir-se a seu rebanho disperso, o apóstolo Tiago demonstra sua preocupação com a necessidade de esses cristãos entenderem corretamente o propósito das aflições pelas quais estavam passando bem como o posicionamento que deveriam ter diante dessas terríveis intempéries. E ao fazê-lo, ele apresenta, resumidamente, o significado da provação na vida dos filhos de Deus.

Neste capítulo, abordaremos esse tema da provação à luz dos versículos 2 a 4 e 12 a 15 do primeiro capítulo da Epístola de

Tiago, porque eles tratam mais diretamente sobre esse assunto. Entretanto, os versículos intermediários, isto é, aqueles que se encontram entre esses dois blocos de versículos, serão também e eventualmente citados quando for necessário para melhor compreensão do assunto. Comecemos, então, pela análise dos versículos de 2 a 4.

O propósito da provação na vida do cristão

A afirmação que abre esse primeiro bloco de versículos sobre o tema na Epístola de Tiago expressa contundentemente algumas verdades sobre as provações um tanto esquecidas hoje em dia por muitos cristãos. Declara Tiago: "Meus irmãos, tende grande gozo quando cairdes em várias tentações" (Tg 1.2). Só esse versículo já seria suficiente para jogar por terra, por exemplo, todos os pressupostos da Teologia da Prosperidade e da Confissão Positiva. Antes, porém, de mergulharmos nas verdades nele contidas, é preciso entender corretamente o que Tiago quer dizer quando fala de "tentações" aqui.

O vocábulo que aparece no original grego dessa passagem para "tentações" é *Peirasmos*, que significa literalmente "prova", "provação" ou "teste".[1] O termo "sugere uma situação difícil, uma pressão dolorosa",[2] daí algumas versões do texto sagrado preferirem a tradução "tentações", que traz a ideia de "teste", enquanto outras — a maioria — preferem a tradução "provações", que traz a ideia de uma situação aflitiva. Na verdade, as duas traduções estão corretas, uma vez que *Peirasmos* é utilizado nessa passagem em alusão às aflições decorrentes de perseguições sofridas pelos crentes por causa da sua fé (Tg 1.3) e tais adversidades são também tentações, porque elas testam a fidelidade dos

---

1 VINE, W. E.; UNGER, Merril F.; WHITE JR, William, *Dicionário Vine*, Rio de Janeiro: CPAD, 2002, pp. 910, 911 e 1014.

2 RICHARDS, Lawrence O., *Comentário Devocional da Bíblia*. Rio de Janeiro: CPAD, 2012, p. 951.

cristãos a seu Senhor. Aliás, aflições, de forma geral, funcionam quase sempre também como tentações. Ou seja, *Peirasmos* descreve perfeitamente a situação dos cristãos judeus dispersos pelo Império Romano: eles estavam tendo a sua fidelidade ao evangelho provada pela fornalha da perseguição.

Esclarecido isso, vamos agora às lições extraordinárias que essa declaração inicial de Tiago nos traz.

Em primeiro lugar, essa afirmação do apóstolo implica que o cristão, o servo de Deus, o filho de Deus, aquele que ama e serve ao Senhor, passa, sim, por dificuldades. Tiago se dirige aos seus leitores não como falsos crentes, mas como "irmãos" em Cristo, e conta-nos que esses irmãos, apesar da sua fé e principalmente por causa da sua fé, estão passando por "várias provações", não por poucas. Isso se coaduna com o que Jesus já havia dito a seus discípulos, que no mundo teríamos aflições (Jo 16.33), e com o que o salmista Davi asseverou em Salmos 34.19, que o "justo" sofre "muitas aflições". Então, é absolutamente falsa a crença de que todas as provações na vida de uma pessoa são resposta direta a algum pecado na vida dela. Santos, justos, irmãos em Cristo, também passam por dificuldades pelo simples fato de estarem neste mundo.

Em segundo lugar, diferentemente do que a maioria esmagadora dos seres humanos faz diante das aflições, a afirmação de Tiago deixa claro que devemos reagir a elas com alegria e não com desolação. O problema é que, infelizmente, como declara Lawrence Richards, "a última coisa que fazemos normalmente, quando vêm as tentações, é alegrar-nos". Aliás, a primeira pergunta que o homem natural faria diante de uma declaração como a de Tiago seria, como também frisa Richards: "Nós podemos compreender porque os cristãos de Jerusalém, forçados a deixar seus lares e fugir para terras estrangeiras, enfrentariam 'várias tentações', mas teriam 'grande gozo'?".[3]

[3] RICHARDS, Ibidem, pp. 951 e 952.

O célebre teólogo puritano Matthew Henry ressalta brilhantemente a razão mais óbvia para essa reação do cristão, e que também está subentendida nas palavras de Tiago. Frisa Henry: "Não devemos afundar numa disposição mental triste e desconsolada, que nos faria desfalecer nas provações, mas precisamos nos empenhar em manter o nosso espírito elevado e firme para melhor discernir a nossa situação; e para maior vantagem nossa, devemos empenhar-nos em fazer o melhor dela".[4] Ou seja, qualquer pessoa que reage com desânimo completo diante das provações está se rendendo a elas e, portanto, já está derrotado; logo, se queremos vencê-las, temos que enfrentá-las com disposição de ânimo, não com abatimento de alma.

Entretanto, mesmo após essa explicação mais óbvia para a reação do cristão frente às adversidades, ainda há uma indagação que incomoda aquele que não é cristão: "É até compreensível tentar manter-se calmo ou com um espírito elevado em meio à tempestade, mas alegrar-se grandemente diante dela?". É por isso que Matthew Henry acrescenta em seguida: "A filosofia pode instruir os homens a permanecerem calmos em suas dificuldades, mas o Cristianismo lhes ensina [algo mais:] a serem alegres".[5]

Qualquer pessoa que reage com desânimo completo diante das provações está se rendendo a elas e, portanto, já está derrotado; logo, se queremos vencê-las, temos que enfrentá-las com disposição de ânimo, não com abatimento de alma.

Sim, os cristãos podem ter "grande alegria" em meio às aflições. Mas, como isso é possível? Como o Cristianismo ensina o cristão a se alegrar em meio às dificuldades? A explicação de Tiago está nos versículos 3 e 4: o entendimento do propósito das provações leva o

4 HENRY, MATTHEW, *Comentário Bíblico Novo Testamento — Atos a Apocalipse*. Rio de Janeiro: CPAD, 2012, p. 824.

5 HENRY, Ibidem, p. 824.

crente a ver as suas adversidades como oportunidades para seu crescimento, amadurecimento e fortalecimento espirituais.

Tiago diz que o cristão tem "grande gozo" quando se vê mergulhado em "várias provações" porque ele sabe ("sabendo", v.3) "que a prova da vossa fé produz a paciência" (v.3). O vocábulo grego traduzido aqui como "paciência" é *Hupomone*, que significa literalmente "permanência em baixo de", "ficar em baixo de", trazendo a ideia de "tolerância", "resignação", "persistência", "perseverança".[6] Não por acaso, a maioria das versões da Bíblia traduz esse vocábulo nessa passagem como "perseverança". Ou seja, o que Tiago está dizendo nesse texto é que uma vez confirmada a nossa fé em meio às provações, esta é fortalecida, porque o resultado da provação é a paciência ou a perseverança. São nas provações que aprendemos a perseverança, que é a capacidade de mantermo-nos firmes mesmo quando tudo está dando errado, mesmo quando tudo parece estar conspirando contra nós. Não se engane: ninguém aprende a perseverar, ninguém cresce e amadurece na fé, sem passar por provações.

Alguns cristãos são mais provados do que outros, mas todos são provados de alguma forma, porque são as provas que exercitam a nossa fé. Essa é a razão pela qual Deus permite provações na vida dos seus filhos. Como dizia A. W. Tozer, "Deus não mima os seus filhos", por isso as provações na vida do cristão. Quando mimamos nossos filhos, eles se estragam, eles crescem com um caráter defeituoso. É a disciplina que aperfeiçoa o caráter da criança, como Salomão enfatiza inúmeras vezes no Livro de Provérbios. Da mesma forma, são as provações que aperfeiçoam a fé e o caráter cristãos.

Como assevera o apóstolo Pedro: "agora importa, sendo necessário, que estejais por um pouco contristados com várias tentações [*Peirasmos*], para que a prova da vossa fé, muito mais preciosa que o ouro que perece e é provado pelo fogo, se ache em louvor, e honra, e glória na revelação de Jesus Cristo" (1 Pe 1.6,7).

---

6 VINE, Ibidem, p. 842.

A importância de não esmorecer nas provações e da sabedoria para o completo crescimento espiritual

É interessante notar que Tiago estava preocupado não apenas em seus leitores entenderem o propósito das provações, mas também em ajudá-los a cumprirem esse propósito. Isso porque, no versículo 4, ele afirma: "Tenha, porém, a paciência a sua obra perfeita, para que sejais perfeitos e completos, sem faltar em coisa alguma". Ou seja, ele estava dizendo a seus leitores: "A obra da perseverança deve ser completada em suas vidas para que vocês sejam realmente aperfeiçoados, maduros, fortalecidos na fé". Isto é, não basta entender o propósito das provações; é preciso enfrentar até o fim esse processo, não parar no meio do caminho, para finalmente se chegar ao resultado desejado.

Mas, e se depois desse processo o cristão ainda sentir que está lhe faltando alguma coisa? Nos versículos 5 a 8, Tiago responde a essa questão que eventualmente um de seus leitores poderia fazer. Ele diz aos cristãos judeus dispersos que para garantir que o crescimento espiritual deles seja completo, além de não esmorecerem em meio às provações, eles devem também, caso sintam necessidade, pedir sabedoria a Deus. E aqui Tiago estava confrontando uma antiga corrente da tradição judaica sobre a sabedoria, que afirmava que toda sabedoria que precisamos seria alcançada *apenas* por meio das provações. Ao contrário dessa crença, diz Tiago aos seus irmãos em Cristo que se "a paciência" tiver "a sua obra completa" em suas vidas e, mesmo assim, eles sentirem que ainda lhes falta alguma coisa, que não têm ainda toda a sabedoria almejada, devem, então, pedi-la a Deus: "E, se algum de vós tem falta de sabedoria, peça-a a Deus, que a todos dá liberalmente e não o lança em rosto; e ser-lhe-á dada" (v.5).

Finalmente, consideremos ainda os versículos 9 a 11 do capítulo primeiro de Tiago, porque eles são uma continuação do raciocínio do apóstolo sobre como as provações podem ser transformadas em motivo de grande alegria para o crente em

Cristo (apesar de esses versículos, isoladamente, também trazerem outras lições específicas que serão analisadas no capítulo 4 deste livro). Nos versículos de 9 a 11, Tiago fala que assim como o cristão pobre deve alegrar-se em sua melhora de vida (v.9), o cristão rico também deve alegrar-se nas circunstâncias difíceis (v.10a), porque as riquezas terrenas são passageiras, transitórias, não devemos nos apegar a elas (vv.10b-11). Ou seja, à luz dos versículos anteriores, o que o apóstolo Tiago está afirmando nesses versículos é, em síntese, que o cristão deve aceitar as ordens da providência divina com gratidão.

O cristão transforma a sua provação em grande alegria quando ele reconhece na provação uma oportunidade para amadurecer e fortalecer-se na fé.

Portanto, o cristão transforma a sua provação em grande alegria quando ele reconhece na provação uma oportunidade para amadurecer e fortalecer-se na fé (vv.2-4); quando ele se aproxima de Deus em oração, pedindo-lhe sabedoria (vv.5-8); e quando ele aceita com gratidão a soberania e a providência divinas em todas as circunstâncias de sua vida (vv.9-11), sabendo que Deus está no controle de tudo e Ele sabe o que faz e o que é melhor para a sua vida (Rm 8.28; 12.2). Mas, não termina aí. Ainda há um quarto ponto, que se encontra no versículo 12, e sobre o qual falarei ao final deste capítulo.

A origem das tentações

No segundo bloco de versículos sobre provações (Tg 1.12-15 — o vocábulo grego para tentações nessa passagem é *Peirasmos* também), Tiago é claro quanto à origem das tentações. Ele declara que elas não provêm de Deus (v.13) e também não faz nenhuma referência a elas procederem diretamente do Diabo ou do mundo. O apóstolo assevera que a tentação tem a sua origem, na verdade, no próprio ser humano, em sua natureza pecaminosa (vv.14,15). Ou seja, o mundo e o Diabo são apenas agentes indutores externos da tentação.

Como afirma o teólogo Millard J. Erickson, a Bíblia enfatiza que o problema do pecado "está no fato de que os homens são pecadores por natureza. [...] Muitas vezes, a tentação envolve indução externa, [...] porém, o pecado é uma escolha da pessoa que o comete. O desejo de fazer o que se faz pode estar presente de forma natural e também pode haver indução externa, mas o indivíduo é basicamente responsável".[7] Como o próprio Jesus afirmou, o pecado não vem de fora para dentro; ele está dentro de nós, é resultado de nossa natureza (Mc 7.15). O que vem de fora são apenas estímulos para que o pecado se manifeste dentro de nós.

Entendido isso, percebemos que as tentações, na verdade, não exercem alguma força sobre a pessoa para fazê-la cair, mas apenas revelam a natureza interior da pessoa e a verdadeira qualidade de sua fé. Basta lembrar que se não houvesse natureza pecaminosa, nenhuma tentação seria de fato tentação. O que torna a tentação de fato uma tentação é porque temos uma natureza pecaminosa. Como bem explica Tiago, "cada um é tentado quando atraído e engodado pela sua própria concupiscência" (v.14).

Finalmente, é importante frisar ainda que ser tentado não é pecado; pecado é ceder à tentação. E, inclusive, ser provado é, como afirma Tiago, motivo de contentamento do cristão, porque se ele não buscou aquela dificuldade, mas foi confrontado por ela, ele sabe que essa situação poderá se transformar em uma oportunidade para o seu crescimento; ele poderá suportar e vencer essa provação pela graça de Deus, fortalecendo-se no Senhor e na força do seu poder (Ef 6.10), vencendo no dia mal (Ef 6.13) e crescendo na fé (1 Pe 1.6,7).

---

[7] ERICKSON, Millard J., *Introdução à Teologia Sistemática.* São Paulo: Vida Nova, 2008, pp. 241 e 243.

O prêmio eterno para quem sofre e vence as tentações

O prêmio eterno do cristão que sofre e vence as provações já está garantido: "Bem-aventurado o varão que sofre a tentação; porque, quando for provado, receberá a coroa da vida, a qual o Senhor tem prometido aos que O amam" (Tg 1.12). Aleluia! Está é a quarta razão pela qual o cristão pode transformar suas provações em grandes alegrias: ele sabe que maior é o galardão daquele que, mesmo sendo muito provado, permanece firme em sua fé.

Não à toa, a palavra "paciência" (ou "perseverança", em outras versões), que é o resultado de suportar as provações (Rm 5.3; Tg 1.3), aparece no texto bíblico ligada não apenas às tribulações (Rm 5.3), às aflições (2 Co 6.4) e às perseguições (2 Ts 1.4; Tg 1.2,3), mas também à vida eterna (Lc 21.19; Rm 2.7; Hb 10.36), à esperança (Rm 5.3; 15.4,5; 1Ts 1.3) e à alegria (Cl 1.11). Logo, ser provado é motivo de alegria porque nosso prêmio por suportar as provações serão a vida eterna, a coroa da vida, a esperança que não murcha e a alegria que não tem fim. Portanto, louve a Deus nas suas provações! "Tende grande gozo quando cairdes em várias provações" (Tg 1.2), porque "em todas essas coisas, somos mais do que vencedores por aquele que nos amou" (Rm 8.37)!

Bibliografia utilizada neste capítulo

ERICKSON, Millard J., *Introdução à Teologia Sistemática.* São Paulo: Vida Nova, 2008.

HENRY, Matthew. *Comentário Bíblico Novo Testamento — Atos a Apocalipse — Edição Completa.* Rio de Janeiro: CPAD, 2012.

RICHARDS, Lawrence O., *Comentário Devocional da Bíblia.* Rio de Janeiro: CPAD, 2012.

VINE, W. E.; UNGER, Merril F.; WHITE JR, William, *Dicionário Vine.* Rio de Janeiro: CPAD, 2002.

3
Capítulo

A importância da sabedoria humilde

Alexandre Coelho

A palavra "sabedoria" tem uma importância especial para o cristão. Como servos de Deus, somos chamados por Ele para uma vida que espelhe decisões e práticas advindas de uma sabedoria espelhada na sabedoria divina.

I. A NECESSIDADE DE SE PEDIR SABEDORIA A DEUS

Tiago enxerga a sabedoria como sendo uma necessidade para as pessoas, mas faz questão de mostrar os tipos de sabedoria que podemos encontrar à nossa volta. E para o apóstolo, mais do que ter, ou não, sabedoria, é imprescindível saber a quem pedir, é preciso utilizá-la.

Tipos de Sabedoria identificados por Tiago

Quando tratamos da expressão "sabedoria" e de suas implicações, devemos reconhecer que há pelo menos três tipos de sabedoria: a maligna, a humana e a divina.

Comecemos pela sabedoria humana, partindo do pressuposto de que sabedoria pode ser considerada como a capacidade de tomar decisões de forma correta. O ser humano foi dotado de uma capacidade própria de demonstrar sabedoria em diversas esferas. Somos capazes de trabalhar e aprender a guardar recursos financeiros a fim de serem utilizados em ocasiões propícias, para realizar um sonho, estudar ou fazer uma viagem, mas também podemos trabalhar e esgotar esses mesmos recursos sem nos preocuparmos de forma responsável com nosso futuro, mas uma pessoa sábia entende que não conseguirá formar um patrimônio com aquilo que gasta, e sim com aquilo que consegue guardar. Uma pessoa pode escolher que tipo de roupa deve usar para uma determinada ocasião, ou mesmo que caminho usará para chegar a determinado destino. Esses traços envolvem a capacidade de raciocinar e tomar decisões, o que sem dúvida requer discernimento. Essas são características da sabedoria humana.

> Além de bondoso, Deus não é inconveniente. Ele não nos dá a sabedoria e depois "joga na nossa cara", como diz a expressão popular, a sabedoria que nos deu.

Satanás tem sua própria sabedoria? Se observarmos o que Tiago diz quando qualifica a sabedoria que não vem de Deus, podemos entender que sim, Satanás tem sua própria sabedoria. É preciso acrescentar que a expressão sabedoria deve ser entendida como sendo capacidade de pensar, tomar decisões, influenciar pessoas e agir de acordo com um padrão conhecido. Satanás pensa sempre em destruir os cristãos e dificultar o trabalho dos que servem a Deus? Sim. Ele toma decisões com base nos seus intentos? Sim. Ele pode influenciar pessoas no mundo todo e agir de uma forma já conhecida? Sim. Portanto, Tiago não erra quando comenta que a sabedoria que se contrapõe à sabedoria divina é diabólica. É evidente que Satanás, como criatura, está muito bem limitado dentro de seus intentos, e que não pode impedir o que Deus deseja fazer. Ele não pode exercer sua autoridade sobre qualquer coisa, pois está limitado pelo poder de Deus. Apenas Deus é todo poderoso, e Isaías 43.13 diz: "Ainda antes que houvesse dia, eu sou; e ninguém há que possa fazer escapar das minhas mãos; operando eu, quem impedirá?". Apesar de Satanás estar limitado por Deus, é astucioso para levar a cabo seus intentos, e que não podemos permitir que tal influência seja a força motriz da nossa forma de pensar e agir.

Deus dá sabedoria

Uma das características de Deus apresentadas por Tiago é inerente à sua bondade. Deus dá generosamente a sabedoria necessária para que possamos viver neste mundo de forma que o agrademos e sejamos também referenciais para as pessoas que nos cercam.

Uma das partes mais interessantes em relação a Deus dar sabedoria aos homens está no fato de que Tiago diz que Deus dá a todos a sua sabedoria. Aqui entra uma questão: essa expressão "todos" se refere apenas aos que o servem, ou a todas as pessoas que de alguma forma buscam a sabedoria, independente de suas crenças? O texto não é claro nesse aspecto, mas se tomarmos como referência o fato de que esses escritos estão relacionados a pessoas que, como se entende, conheciam a Jesus Cristo, é possível fechar o círculo de abrangência dentro da esfera cristã.

"E, se algum de vós tem falta de sabedoria, peça-a a Deus, que a todos dá liberalmente..." (Tg 1.5)

Tiago nos apresenta outro fator que deve ser aqui colocado: a busca da sabedoria por meio da oração. Devemos rogar ao Senhor a sabedoria de que precisamos, e Ele certamente a dará como um presente divino. Não somos orientados por Tiago a buscar a sabedoria em outros lugares, mas pura e simplesmente em Deus. Ele é o detentor da sabedoria que nos é necessária em todos os momentos, e Ele faz questão de que a tenhamos.

Além de bondoso, Deus não é inconveniente. Ele não nos dá a sabedoria e depois "joga na nossa cara", como diz a expressão popular, a sabedoria que nos deu. Como qualquer dos dons que recebemos do Senhor, a sabedoria deve ser de fato bem utilizada, e que tenhamos a consciência de que daremos contas a Deus daquilo que dEle recebemos. Portanto, usemos a sabedoria recebida de acordo com os padrões de Deus.

Pedindo sabedoria a Deus

Não é incomum nos aproximarmos de Deus para pedir dEle bênçãos. Não é errado desejar ser abençoado por Deus, pois mesmo as pessoas que não tem em Jesus o seu Senhor desejam igualmente receber bênçãos dos céus. Pois bem, se cremos que Deus pode nos abençoar, porque não pedimos a Deus sabedoria?

Tiago nos deixa evidente duas coisas: A sabedoria é uma bênção, e ela deve ser pedida a Deus. E Deus se importa com esse tipo de pedido? Sim, pois o apóstolo mostra o motivo máximo pelo qual devemos pedir a sabedoria a Deus: "... e ser-lhe-á dada". Deus tem prazer em oferecer aos seus filhos a sabedoria, e Tiago deixa claro que Ele nos dará a sabedoria que pedimos. A sabedoria que Deus tem para dar não é custosa. Quando oramos de acordo com a vontade de Deus, temos a certeza de que receberemos respostas de nossas orações e uma dessas respostas sem dúvida é a sabedoria como um presente divino.

II. DEMONSTRANDO SABEDORIA NA PRÁTICA

No item I, chegamos à conclusão de que é necessário pedir a sabedoria divina para o nosso dia a dia. Nesta parte, trataremos da prática da sabedoria que recebemos de Deus.

A sabedoria precisa ser praticada

Um talento não utilizado pode se perder com o tempo. Da mesma forma, se recebemos um presente de Deus, devemos utilizá-lo para a glória dEle, e isso inclui a sabedoria. Quando o texto de Tiago fala que o sábio e inteligente deve demonstrar sua sabedoria, ele está dizendo que essa demonstração deve ser realizada entre as pessoas, publicamente.

Tiago espera que a sabedoria seja pedida por meio da oração, recebida como um presente de Deus e manifesta na comunidade dos santos. A sabedoria não é um presente que recebemos para ficar guardada, mas para ser disponibilizada por meio de ações inteligentes.

A humildade como prática cristã

Na concepção de Tiago, sabedoria e humildade devem andar juntas. O sábio tem atitudes humildes, não arrogantes. Da mesma forma que a sabedoria de que precisamos encontra sua fonte em Deus, a humildade nos faz ser sempre mais dependentes de Deus. Curiosamente falando, a obediência a Deus é uma demonstração de humildade, e não de arrogância. A desobediência a Deus e aos seus preceitos mostra o quanto podemos ser arrogantes, mas a dependência de Deus e a humildade demonstram o quanto somos obedientes a Ele.

A humildade tem um alto preço? Com certeza. Um exemplo que vale a pena ser lembrado é o caso de Naamã, o general do exército da Síria, que foi curado por Eliseu em 2 Reis 5. Naamã era um herói nacional, e por seus feitos era sempre honrado. A Bíblia descreve Naamã como um homem poderoso diante do rei e respeitado, pois através de Naamã Deus dera livramento aos sírios. Ele ainda é descrito como um homem valoroso, mas também possuidor de um mal: a lepra.

Mesmo com essa doença, Naamã era muito bem quisto em sua nação. Quando ele soube que havia um profeta em Israel que poderia curá-lo, Naamã foi atrás do homem de Deus, Eliseu, que aparentemente, fez pouco caso do general, quando ordenou que o militar fosse tomar banho nas águas do Jordão. Naamã não gostou da ordem e pegou o caminho de volta para sua terra, mas convencido pelos seus servos, voltou, banhou-se no rio e foi curado. Sua humildade e obediência, mesmo em sua posição, garantiram-lhe a cura daquela doença mortal.

Naamã não era um cristão, mas seu exemplo de humildade serve de inspiração a todos nós. Se ele pôde ouvir seus servos, humilhou-se e banhou-se em um rio que aos seus olhos era inferior, e por isso foi curado, porque não podemos nós buscar essa característica em nossas vidas?

Obras em mansidão de sabedoria

Tiago destaca a pessoa sábia e inteligente como uma pessoa que sabe tratar pessoas próximas (e pessoas distantes também). Isso nos leva a crer que a sabedoria não é uma qualidade que deve ser trancafiada em um escritório, distante das pessoas. O sábio não se mostra, na perspectiva de Tiago, como aquela pessoa que tem títulos e conhecimento (Tiago não menciona esses elementos titulares como sendo inúteis nem desprezíveis, como se estudar ou buscar o conhecimento acadêmico fosse algo em que o crente não deveria se empenhar. Eles apenas não são relacionados nessa linha de raciocínio.), mas como a pessoa que sabe lidar com outras pessoas de forma afável. Como o texto não designa que tipo de pessoa deve ser tratado dessa forma, nem designa também a situação em que esse tratamento afável deve ser ministrado, podemos entender que é uma regra que deve ser aplicada em todas as situações e para qualquer pessoa, sem distinção.

Essa é definitivamente uma grande prova de sabedoria. É fácil tratar bem pessoas que nos tratam bem. Mas como deveríamos lidar com pessoas que aos nossos olhos são difíceis de serem suportadas? Como lidar com pessoas grossas e mal educadas? Com bom trato em mansidão e sabedoria.

A mansidão não é sinal de fraqueza, mas sim de capacidade de dominar a si mesmo. Mansidão é sinônimo de cortesia, e essa característica sem dúvida é oriunda de uma relação vívida com Deus e com seus preceitos.

Como diz Champlin,

> Tiago compartilha do conceito bíblico geral que a sabedoria não consiste apenas em no conhecimento, na astúcia e na habilidade, mas antes em uma profunda compreensão sobre o que é e deve ser a vida piedosa. Tal sabedoria produz concórdia e harmonia entre as pessoas e os grupos.[1]

III. O VALOR DA VERDADEIRA SABEDORIA E A ARROGÂNCIA DO SABER CONTENCIOSO

A Sabedoria verdadeira e a arrogância do saber

É possível que o saber nos torne pessoas arrogantes? Sim. É aceitável aos olhos de Deus que uma pessoa instruída seja arrogante no trato com as pessoas que a cercam? Não. O acúmulo de conhecimento não pode obstruir nossa vida espiritual de tal forma que nos tornemos arrogantes. Tiago aqui não está condenando pessoas que estudaram e que se valem de seus conhecimentos ao longo de suas vidas, mas está colocando em cheque o hábito de algumas pessoas acharem-se superiores a outras porque possuem conhecimento. Estudar é muito bom, e nos torna pessoas mais capacitadas para servir a Deus e ao próximo com muitos talentos, mas não pode nos tornar pessoas altivas. A soberba é tão duramente condenada por Deus que Ele resiste ao soberbo, mas dá graça ao humilde. Portanto, usufruamos do conhecimento que Deus nos permite ter, mas busquemos acima de tudo aproveitar esse conhecimento de forma sábia e com humildade.

---

1 Champlin, Russel Norma. *O Novo Testamento Interpretado Versículo por Versículo.* Volume VI. Hagnos: São Paulo, p. 59

Atitudes que devemos evitar

Tiago lista duas características próprias de pessoas arrogantes: amarga inveja e sentimento faccioso.

A inveja é descrita por Tiago com o adjetivo "amarga", e não é sem razão. Pessoas invejosas costumam ser amarguradas, por terem uma dor moral dentro de si, e vivem aflitas. Não é incomum que haja inveja entre as pessoas, mas pior ainda é quando esse sentimento encontra abrigo no coração dos servos de Deus. É justamente aqui encontra-se o desafio de Tiago.

A inveja é um sentimento inconveniente para o servo do Senhor. É uma raiva existente contra pessoas que conseguiram realizar algum feito digno de louvor, por mais simples que sejam. Líderes invejam outros líderes, estudantes invejam outros estudantes, e por aí vai. A inveja é, sem dúvida, um mal da proximidade, onde o coração invejoso se irrita com as realizações de pessoas que lhe estão próximas.

O sentimento faccioso é outra característica de quem alega ter a sabedoria e não consegue demonstrá-la na prática.

> Tiago propõe à igreja um desafio àqueles que afirmavam ter a verdadeira sabedoria: eles precisavam observar a verdadeira sabedoria que vem do céu. A igreja à qual Tiago estava escrevendo era uma igreja que estava sob pressão. Sob pressão, uma igreja pode se dividir em facções. Não havia um clero formal, ou um processo de ordenação, de modo que pretensos professores poderiam surgir, afirmando ter sabedoria. Como cada professor promovia seu ramo de sabedoria e ganhava seguidores, a comunidade de crentes ficou dividida. A igreja do Novo testamento tinha muitos problemas com facções ou com um espírito partidário...
>
> Jesus ensinou que nós saberíamos diferençar os verdadeiros professores dos falsos pela maneira como vivem (Mt 7.15-23). Os bons professores exemplificam a boa disciplina na vida. As suas atividades, ações e realizações revelarão o verdadeiro núcleo

de sua fé cristã. Nesta seção, as boas obras estão em contraste com a amargura, e a humildade está em contraste com a ambição egoísta.[2]

Dois conselhos Tiago oferece a pessoas que se descobrem possuidoras desses dois sentimentos: não se glorie disso e não minta. Não há motivo para que uma pessoa se sinta alegre por ser invejosa, e nem pode manter oculto seu sentimento por muito tempo. A amarga inveja e o sentimento faccioso produzem dois frutos equivalentes aos seus genitores: o gloriar-se de maneira indevida e a mentira. Quem abriga e cultiva a inveja em seu coração e com ela torna-se arrogante, tem a oportunidade de voltar-se para o caminho certo com a advertência de Tiago: Não se glorie e não minta. É um caminho longo e duro de volta à verdadeira sabedoria. Não é fácil tratar com um invejoso sobre seu hábito e mostrar para ele que não pode haver motivos para que ele se glorie se ele nutre em seu coração um sentimento reprovado por Deus.

> Tiago nos deixa evidente duas coisas: A sabedoria é uma bênção, e ela deve ser pedida a Deus. E Deus se importa com esse tipo de pedido? Sim, pois o apóstolo mostra o motivo máximo pelo qual devemos pedir a sabedoria a Deus: "... e ser-lhe-á dada".

Não é fácil também lidar com pessoas na igreja que insistem em mentir, em esconder seus sentimentos ruins em relação a outras pessoas. O caminho de resgate desse tipo de pessoa já foi apresentado pelo apóstolo, mas precisa ser trilhado por quem é alvo dessa advertência. Quem vive nesse caminho terá uma sabedoria, mas essa é descrita por Tiago como "terrena, animal e diabólica". Resumindo, a sabedoria pode ser encontrada tanto por aqueles que andam no caminho do Senhor como por aqueles que

2 *Comentário do Novo Testamento Aplicação Pessoal.* Vol 2. Rio de Janeiro: CPAD, p. 679.

preferem desobedecê-lo. O que teme ao Senhor acha a sabedoria divina, e o que despreza ao Senhor achará uma outra forma de sabedoria nada recomendável.

Características da Sabedoria que devemos ter

Se há atitudes que devemos evitar no trato com as pessoas que nos cercam, há características que devemos cultivar tomando como base as características da Sabedoria Divina. Neste capítulo, destaco pelo menos 3 aspectos:

Ela é pura. Deus não se deixa contaminar pelo mal, e a sabedoria que devemos ter não pode ser influenciada pelo mundo, perdendo sua pureza. Deus espera que sua sabedoria mantenha-se íntegra em nossas vidas. Pureza fala de integridade, da capacidade de não se diluir, de não perder suas propriedades.

Ela é pacífica. Tiago reforça essa característica da sabedoria como um instrumento de paz. Ela não busca brigas. Lembremo-nos de que um pouco acima, Tiago nos diz que a sabedoria é demonstrada na forma com que nos tratamos uns aos outros. Se sou uma pessoa sábia, certamente isso será visto na forma mansa com que trato as pessoas que me cercam, mas se me julgo inteligente e perspicaz, e sou grosseiro no trato com meu próximo, não posso ser chamado de sábio, mesmo que tenha vários títulos ao meu favor.

Pessoas sábias não arrumam confusão, ou vivem de briga em briga, esperando a próxima oportunidade de demonstrar o quão são inteligentes e que possuem uma grande disposição em não levar desaforos para casa. Deus dá a sabedoria para que tenhamos paz em nossa relação com Ele e com os nossos próximos.

Ela é tratável. Essa característica parece estar ligada à capacidade de uma pessoa sábia ser convencida de forma tranquila, diferente do caráter das pessoas obstinadas. Se um sábio é corrigido, conforme nos diz Provérbios 9.8,9, "Não repreendas o escarnecedor, para que te não aborreça; repreende o sábio, e amar-te-á. Dá instrução ao sábio, e ele se fará mais sábio; ensina ao justo, e ele crescerá em entendimento." De forma diferente, os que mesmo ouvindo tudo o que a sabedoria tem a oferecer, preferem manter-se em seus caminhos inflexíveis, sendo conduzidos, portanto, à ruína.

Assim concluímos este capítulo. Que possamos conjugar mentes sábias e corações humildes para a glória de Deus.

Bibliografia utilizada neste capítulo:

Manual da Bíblia de Aplicação Pessoal. CPAD

Vincent — Estudo no Vocabulário Grego do Novo Testamento. CPAD

Mathew Henry — Comentário Bíblico do Novo Testamento — Atos a Apocalipse. CPAD

Comentário Bíblico Beacon — Volume 10. CPAD

Comentário Bíblico pentecostal do Novo Testamento — Volume 2. CPAD

Comentário do Novo Testamento Aplicação Pessoal. CPAD

Teologia do Novo Testamento. Roy B Zuck. CPAD

Dicionário Vine. CPAD

Dicionário Bíblico Wycliffe. CPAD.

O Novo Testamento Interpretado Versículo por Versículo. Russel Norman Champlin. Milenium.

Uma Introdução aos Escritos do Novo Testamento. Erick Mauerhofer, Editora Vida.

Estudos no Cristianismo não Paulino. F F Bruce. Shedd Publicações.

Homens com uma Mensagem. John Stott. Cultura Cristã

Introdução ao Novo Testamento. D. A. Carson, Douglas J. Moo e Leon Morris. Vida Nova.

O Novo Testamento, sua Origem e Análise. Merril C. Tenney. Vida Nova.

Panorama do Novo Testamento. Robert H. Gundry. Vida Nova.

4
Capítulo

Gerados pela Palavra da Verdade

Silas Daniel

A Epístola de Tiago apresenta, ainda nos primeiros versículos do seu primeiro capítulo, outros importantes temas. Um deles consiste em um esclarecimento sobre a forma como o cristão deve encarar a pobreza e a riqueza. Essas condições sociais são enfatizadas pelo apóstolo como circunstâncias transitórias da vida, como situações passageiras, porquanto terrenas, e também como conjunturas em meio às quais o cristão deve aprender a estar sempre satisfeito (Tg 1.9-11).

Outro tema abordado é Deus como a fonte de todo bem verdadeiro (Tg 1.16,17); e, na sequência desse assunto, o apóstolo fala do maior de todos os dons que o Senhor nos concede: o de sermos gerados de novo pelo poder da Palavra de Deus (Tg 1.18). Vejamos com atenção esses três importantes ensinos.

Satisfação na riqueza ou na pobreza

Os versículos 9 e 10 do primeiro capítulo da Epístola de Tiago simplesmente jogam por terra tanto a teologia da pobreza, que advoga que riqueza é pecado, quanto a teologia da prosperidade, que afirma que pobreza é pecado. Diz Tiago: "Mas glorie-se o irmão abatido na sua exaltação, e o rico, em seu abatimento". A expressão "abatido", no original grego, *Tapeinos*, é uma referência a um estado de necessidade, de pobreza. *Tapeinos* significa, mais especificamente, "De classe baixa, de condição social baixa", o oposto de "classe nobre",[1] razão pela qual a Nova Tradução na Linguagem de Hoje traduz corretamente este versículo da seguinte maneira: "O irmão que é pobre deve ficar contente quando Deus faz com que melhore na vida; e quem é rico deve sentir o mesmo quando Deus faz com que piore de vida". Ou seja, a Bíblia apresenta como absolutamente natural tanto um servo de Deus pobre enriquecer quanto um servo de Deus rico empobrecer, e ambos devem, segundo o texto de Tiago, se alegrar e ficar contentes em quaisquer circunstâncias.

O rico Salomão lembrava que como não podemos levar as riquezas conosco para a eternidade (Ec 5.15), não faz sentido apoiar-se em algo passageiro, fugaz. O rico Jó afirmou o mesmo.

Essa importante passagem da abertura da Epístola de Tiago lembra outra passagem bíblica, que se encontra no final da Epístola de Paulo aos Filipenses em que o termo "abatido" — também *Tapeinos*, no original grego — aparece com o significado de "pobre". Na referida passagem, Paulo declara: "...já aprendi a contentar-me com o que tenho. Sei estar abatido, e sei também ter em abundância; em toda maneira, e em todas as coisas, estou instruído, tanto a ter fartura, como a ter fome; tanto a ter abundância,

[1] VINE, W. E.; UNGER, Merril F.; WHITE JR, William, *Dicionário Vine*. Rio de Janeiro: CPAD, 2002, p. 360.

como a padecer necessidade. Posso todas as coisas naquele que me fortalece" (Fp 4.11-13). O que Tiago e Paulo estão dizendo nessas passagens é que, seja rico ou pobre, o cristão deve ser sempre humilde e temperante; o cristão deve aprender a ser contente e satisfeito em todas as situações da vida. Em 1 Timóteo 6.8, o apóstolo aos gentios ainda dirá: "Tendo, porém, sustento, e com que nos cobrirmos, estejamos com isso contentes".

Como afirma Matthew Henry, comentando essa passagem de Tiago, o meio-irmão do Senhor Jesus está dizendo aqui que "a pobreza não deve destruir a relação entre os cristãos e [...] a graça e a riqueza não são completamente incompatíveis. Abraão, o pai dos fiéis, era rico em ouro e prata. Ambos [pobres e ricos] têm permissão de se alegrarem. Nenhuma posição social nos exclui da capacidade de nos alegrarmos em Deus".[2]

A pobreza e a riqueza na vida do cristão

A não ser em casos específicos em que a condição espiritual da pessoa a leva a comportamentos que acabam afetando negativamente a sua vida financeira, ou em casos também muito específicos em que o juízo de Deus sobre alguém, afeta a sua vida financeira, ser pobre ou rico materialmente não tem nada a ver com a condição espiritual. Há ímpios pobres e há ímpios muito ricos, assim como há servos de Deus ricos e pobres, servos de Deus ricos que empobreceram e servos de Deus pobres que enriqueceram. Por exemplo: Abraão foi rico; Isaque também foi rico; Jacó nasceu em uma família rica, depois foi ganhar a vida como empregado de seu tio Labão até que Deus o fez enriquecer sem precisar da ajuda de seus pais; o rico Jó era um homem justo e reto diante de Deus, mas se tornou miserável e depois voltou a ser rico; Jeremias era pobre, permaneceu assim e morreu assim; os profetas Sofonias e Isaías foram aristocratas

---

2 HENRY, Matthew, *Comentário Bíblico Novo Testamento — Atos a Apocalipse — Edição Completa.* Rio de Janeiro: CPAD, 2012, p. 826.

palacianos, mas o profeta Amós foi um simples camponês; o pobre Lázaro da história contada por Jesus em Lucas 16, e que morreu pobre e na miséria, era um homem justo; a Bíblia diz que um profeta que realmente "temia ao Senhor" e auxiliava no ministério do profeta Eliseu morreu pobre e endividado (1 Rs 4.1), mas sua esposa acabou prosperando após um milagre de Deus (1 Rs 4.7); etc.

O que a Bíblia classifica como mal não é a riqueza, mas o amor às riquezas, a confiança depositada nelas. Isso está mais do que claro em várias passagens das Escrituras. A Bíblia nos diz que, no que tange a bens materiais, passamos a ser ímpios quando:

1) Passamos a amar as riquezas, o que é o princípio do fim, porque "o amor ao dinheiro é a raiz de toda espécie de males" (1Tm 6.10).
2) A riqueza passa a ser senhora de nossas vidas e não nossa serva: "Não podeis servir a Deus e a Mamom" (Mt 6.24).
3) Tornamo-nos avarentos, isto é, apegados demasiadamente, e de forma repugnante, ao dinheiro (Lc 12.15a).
4) Passamos a medir a qualidade da nossa vida pela abundância do que possuímos (Lc 12.15b).
5) Passamos a colocar a nossa prioridade nas riquezas (Mt 6.19-21).
6) Passamos a colocar a nossa esperança nas riquezas (1Tm 6.17b).
7) Tornamo-nos altivos, soberbos e arrogantes por causa das riquezas (1Tm 6.17a).
8) Praticamos a usura (Sl 15.5).
9) Somos possuídos pela cobiça (1Tm 6.10), as riquezas se tornam uma obsessão em nossa vida (1Tm 6.9).
10) Nossos bens são "bens mal adquiridos", ou seja, conquistados desonestamente, seja ilegalmente (Hc 2.9) ou não (Pv 28.20), pois nem sempre o que é legal é moral. O pagamento de salários injustos é um desses casos, inclusive mencionado pelo apóstolo Tiago (Tg 5.4).

Como vemos, no que diz respeito às riquezas, o pecado está em mantermos uma relação imoral com elas. Bons exemplos de homens de Deus ricos são Jó e Abraão (Gn 13.2; Jó 1.3; 42.10,12). Eles enriqueceram honestamente dentro do sistema econômico de suas épocas e não eram avarentos. Eles eram generosos, desapegados às suas riquezas e colocavam seus bens a serviço da obra de Deus, ajudando o próximo (leia com atenção Jó 31.14-41). O próprio apóstolo Tiago cita Abraão como grande exemplo de verdadeira piedade, de fé com obras (Tg 2.21-23). Jesus criticou a avareza, o amor ao dinheiro, e não o desejo simples (que não deve ser confundido com desejo obsessivo) de prosperar financeiramente (Mt 6.19-21,24). Jesus não pregou a pobreza como uma virtude. Ser rico e ser pobre não têm nada a ver com caráter ou qualidade de vida espiritual.

Quando Jesus citou a metáfora do camelo no fundo da agulha, estava falando não da *impossibilidade* de um rico entrar no Reino de Deus, mas da *dificuldade* (Mt 19.23,24), porque o ser humano tendente a valorizar o material mais do que o espiritual. Jesus não estava ensinando, e nunca ensinou, que, para nos mantermos firmes espiritualmente, devemos ser avessos a qualquer tipo de desejo de prosperar financeiramente. Tanto é que Jesus conclui sua ilustração dizendo que Deus salvará, sim, ricos (Mt 19.26). A metáfora é só um alerta para não se apegar às riquezas, o que Jesus já havia feito em seu Sermão da Montanha (Mt 6.24). Na mesma linha do Mestre, o apóstolo Paulo não dá recomendações aos cristãos ricos para que deixem de ser ricos, mas para que sejam bênção como ricos (1Tm 6.17-19), e assevera que o dinheiro não é a raiz de todos os males, mas, sim, "o amor ao dinheiro" (1Tm 6.10).

A transitoriedade das riquezas

Por isso, o apóstolo Tiago, após mencionar que tanto o rico quanto o pobre cristãos podem se alegrar em meio às circunstâncias, destaca ainda, no caso do rico, que ele deve se lembrar de que as riquezas terrenas são passageiras: "...porque ele [o ser rico] passará como a flor da erva. Porque o sol se levanta com seu ardente calor, e a erva seca, e a sua flor cai, e desaparece a formosura do seu aspecto; assim também se murchará o rico em seus caminhos" (Tg 1.10b,11). Logo, se as riquezas são passageiras, não devemos nos apegar a elas, não devemos supervalorizá-las.

O rico Salomão lembrava que como não podemos levar as riquezas conosco para a eternidade (Ec 5.15), não faz sentido apoiar-se em algo passageiro, fugaz. O rico Jó afirmou o mesmo. Diante da perda de seus bens e filhos, declarou ele: "Nu saí do ventre da minha mãe e nu tornarei para lá; o Senhor o deu e o Senhor o tomou; bendito seja o nome do Senhor" (Jó 1.21). Escrevendo aos crentes em Corinto, o apóstolo Paulo afirma que, tendo em vista a brevidade da vida aqui e, em perspectiva, a eternidade, deveríamos "tratar as coisas deste mundo como se não estivéssemos ocupados com elas, pois este mundo, como está agora, não vai durar muito" (1 Co 7.31, NTLH). Ou, como aparecem nas versões ARC e ARA desse mesmo versículo, devemos "usar" as coisas deste mundo em vez de "abusar" delas ou "utilizar do mundo, como se dele não usássemos", porque "a aparência deste mundo passa". Escrevendo a Timóteo, Paulo assevera ainda: "Porque nada trouxemos para este mundo, e manifesto é que nada podemos levar dele. Tendo, porém, sustento, e com que nos cobrirmos, estejamos com isso contentes" (1Tm 6.7,8). Nossa vida não se resume a bens. Estes são benesses agradáveis e importantes, mas não fazem parte da essência da vida.

Mas, além de apegar-se às riquezas significar a perda do sentido da vida e, consequentemente, caminha para a perdição eterna, a Bíblia também nos diz que, ainda aqui na Terra, essa atitude traz muitos males. O apóstolo Paulo ressalta que a supervalorização dos bens materiais e a cobiça levam o homem a "cair em tentação e em laço"; a "muitas concupiscências loucas e nocivas, que submergem os homens na perdição e ruína; a "toda a espécie de males"; a se "desviarem da fé"; e a "muitas dores"; e que, por isso, aquele que teme a Deus "foge destas coisas, e segue a justiça, a piedade, a fé, o amor, a paciência, a mansidão" (1Tm 6.9-11). E Salomão, o homem mais rico de todos os tempos, já alertava em seu tempo que o apego aos bens materiais provoca vícios e males tais como o desejo incontrolável de ganhar mais e mais (Ec 5.10), o gasto desenfreado (Ec 5.11), preocupações e noites mal dormidas (Ec 5.12) e a perda desnecessária de bens (Ec 5.13,14). Enfim, alguém pode ser muito rico, mas, sem Jesus, sem Deus, ser infeliz.

> Não há dúvida de que muitas das crises espirituais que muitos cristãos têm vivenciado nos dias de hoje está relacionada à sua má compreensão de Deus.

Outro detalhe é que o tipo de sentimento que alimentamos em relação aos nossos bens determina o propósito das nossas ações, o nosso comportamento. Portanto, se alimentamos um sentimento correto em relação às riquezas, não seremos tão afetados emocionalmente e muito menos espiritualmente se as perdermos; mas, se cultivamos um sentimento errado em relação a elas, uma eventual perda levar-nos-á ao desmoronamento do nosso ser interior, pois nossa alma estava apoiada em areia movediça.

O sentido e a alegria de nossas vidas não devem estar fundamentados em bens materiais, mas na solidez e perfeição dos valores divinos.

Deus: a fonte de todo bem verdadeiro

Por falar em bens, no versículo 17 do capítulo primeiro, o apóstolo Tiago afirma que a origem de todo bem está em Deus. Ele declara expressamente que o Pai celestial é a fonte de todo bem verdadeiro: "Toda boa dádiva e todo dom perfeito vêm do alto, descendo do Pai das luzes, em quem não há mudança, nem sombra de variação" (v.17). E mais: ao se referir a Deus como o "Pai das luzes", Tiago está enfatizando que nEle não há trevas, isto é, não há fingimento, falsidade, maldade, mentira, erro, imperfeição. E Ele não muda: nEle, "não há mudança, nem sombra de variação". Como o próprio Deus afirma através da instrumentalidade do profeta Malaquias: "Eu, o Senhor, não mudo" (Ml 3.6). Ou seja, Deus é e continuará sendo a Fonte de todo bem.

O versículo anterior, o 16, é o que faz a ligação entre o assunto dos versículos 12 a 15 e o assunto dos versículos 17 e 18. Nele, Tiago diz: "Não vos enganeis, amados irmãos". Mas, não vos enganeis em relação a que, especificamente? Nos versículos de 12 a 15, o apóstolo fala sobre a tentação e explica que Deus não tenta a ninguém (v.13). Portanto, a preocupação de Tiago nessa passagem, ao esclarecer o que Deus não faz (v.13) e enfatizar o que Ele é (v.17), é que os seus leitores tenham uma compreensão clara de Deus. O seu Senhor não é um tentador, não é alguém que quer o seu mal; Ele é o Pai das luzes, a Fonte de todo bem.

Não há dúvida de que muitas das crises espirituais que muitos cristãos têm vivenciado nos dias de hoje está relacionada à sua má compreensão de Deus. Em meu livro *Como vencer a frustração espiritual* (CPAD), escrevi a respeito disso:

> "Não tenho a menor dúvida de que muitas frustrações e neuroses espirituais que vemos hoje, bem como um nível raso de vida cristã, são, na maioria esmagadora das vezes, fruto de uma visão distorcida acerca de Deus. O pastor Aiden Wilson Tozer talvez tenha sido o primeiro a denunciar enfaticamente esse sintoma negativo de nossos dias — a perda do conceito bíblico de Deus. Em 1961, ele escreveu: 'O baixo conceito de Deus mantido quase universalmente entre os cristãos é a causa de uma centena de males menores em toda parte. Uma filosofia de vida cristã inteiramente nova resultou desse único erro básico em nosso pensamento religioso'. Na época, Tozer ainda arremataria uma frase que se tornaria célebre: 'O que nos vem à mente quando pensamos em Deus é a coisa mais importante a nosso respeito' (*Mais perto de Deus*, A.W.Tozer, Mundo Cristão, 1993)".

"Muita gente que pensa estar se aproximando de Deus está, na verdade, se relacionando com uma imagem que criou dEle, uma mera sugestão mental, em vez de o Deus da Bíblia. Sua relação não é com o Deus vivo e verdadeiro, mas com uma caricatura do divino, uma fantasia construída pela sua própria imaginação, uma concepção equivocada de quem é Deus. Essa concepção pode ter advindo absolutamente de sua própria cabeça ("achismo") ou ter sido importada de algum discurso bonito, atraente, mas despido de respaldo bíblico (o que acontece na maioria dos casos). Afinal, há muita falsa teologia popularizada por aí".

"Infelizmente, não é difícil encontrar pessoas [...] que um dia aceitaram Jesus e suas vidas foram transformadas, mas estacionaram por aí. Porque não se aprofundaram no conhecimento acerca do seu Senhor, se tornaram presas fáceis, aceitando caricaturas de Deus como se fossem versões verdadeiras dEle, e hoje vivem espiritualmente frustradas e doentes. Houve um encontro seguido de desencontro e, agora, é preciso um reencontro. O reencontro com o verdadeiro Deus, que as salvou. E esse reencontro só pode ocorrer através da Palavra de Deus".

"Só o conhecimento verdadeiro de Deus tem o poder de curar todas as feridas de nossa alma. Só a verdade pode libertar (Jo 8.32). [...] O principal objetivo da nossa existência é conhecer a Deus".[3]

Sigamos o conselho do profeta Oseias: "Conheçamos e prossigamos em conhecer ao Senhor (...) e ele descerá sobre nós como a chuva, como a chuva serôdia que rega a terra" (Os 6.3).

A mais importante de todas as dádivas divinas

No versículo 18, o apóstolo Tiago destaca a mais importante de todas as dádivas divinas: a regeneração pela Palavra da Verdade, a Salvação em Cristo, a transformação pela qual passamos pelo poder do evangelho de Cristo: "Segundo a sua vontade, Ele nos

---

[3] DANIEL, Silas. *Como vencer a frustração espiritual*. Rio de Janeiro: CPAD, 2006.

gerou pela Palavra da Verdade, para que fôssemos como primícias das suas criaturas".

O apóstolo Pedro também menciona essa regeneração pela Palavra em sua primeira epístola: "Sendo de novo gerados, não de semente corruptível, mas da incorruptível, pela Palavra de Deus, viva e que permanece para sempre" (1 Pe 1.23). Segundo define o próprio apóstolo Pedro, regeneração é uma operação divina, com base na ressurreição de Jesus (1 Pe 1.3), de nos tornar novas criaturas pelo poder da Palavra de Deus (1 Pe 1.23). Essa ação é operada em nós pelo Espírito Santo (Jo 3.5; Tt 3.5). É Ele quem aplica o poder do Evangelho, o poder regenerador da Palavra da Verdade, em nossas vidas.

Tiago enfatiza que a regeneração não pode ser operada pelo homem: ela é "segundo a sua vontade", ou seja, segundo a vontade de Deus. É uma ação exclusivamente divina, como o apóstolo João também destaca na abertura do seu Evangelho (Jo 1.13).

Outro detalhe importante é que o meio-irmão do Senhor ainda declara que Deus nos gerou pela Palavra da Verdade "para que fôssemos como primícias das suas criaturas". Ao usar o termo "primícias", o apóstolo está tomando como analogia do propósito da obra regeneradora de Deus em nossas vidas as primícias do Antigo Testamento, que nada mais eram do que a colheita dos primeiros frutos, que eram os melhores (Lv 23.10,11; Êx 23.19; Dt 18.4). Isso significa que, ao chamar os cristãos de "primícias das suas criaturas", Tiago estava querendo dizer que o Evangelho de Cristo não apenas nos transformou, mas também nos deu, devido a essa transformação, o privilégio de "ocuparmos o primeiro lugar entre todas as suas criaturas".[4] Esta é uma honra extraordinária!

---

4 Trecho final de Tiago 1.18 na Nova Tradução na Linguagem de Hoje (SBB).

Bibliografia utilizada neste capítulo

DANIEL, Silas. *Como vencer a frustração espiritual.* Rio de Janeiro: CPAD, 2006.

HENRY, Matthew. *Comentário Bíblico Novo Testamento — Atos a Apocalipse — Edição Completa.* Rio de Janeiro: CPAD, 2012.

VINE, W. E.; UNGER, Merril F.; WHITE JR, William, *Dicionário Vine.* Rio de Janeiro : CPAD, 2002.

5
Capítulo

O cuidado ao falar e a religião pura

Alexandre Coelho

Introdução

I. PRONTO PARA OUVIR E TARDIO PARA FALAR

Certa vez, Zenon, um pensador clássico, disse que temos dois ouvidos e uma boca por um simples motivo: para que possamos ouvir mais e falar menos. Por mais que essa ideia, para algumas pessoas seja engraçada, traz uma realidade importante para a nossa vida: Precisamos aprender a controlar melhor o nosso tempo gasto com essas duas atitudes inerentes da nossa natureza: ouvir a falar.

O Ato de Ouvir

Por meio da audição, podemos captar informações que influenciarão nossas vidas. Um toque de corneta pode conduzir uma tropa inteira. Um comício inflamado pode trazer uma revolução.

Uma pregação direcionada pelo Espírito Santo pode trazer salvação a uma pessoa. Portanto, o ato de ouvir pode definitivamente mudar nossa vida.

O ato de ouvir implica a posterior tomada de decisão. Adão e Eva ouviram o conselho de Deus no tocante ao fruto da ciência do bem e do mal, e obedeceram até que ouviram uma opinião contrária, a da serpente, e resolveram acolher os conselhos que os levariam à morte. Ouvir as palavras certas das pessoas certas faz muita diferença.

A fé vem pelo ouvir da Palavra de Deus. Ouvir o que Ele diz é o primeiro passo para que possamos obedecê-lo. Além de ser um exercício que nos impulsiona à humildade, o ato de ouvir o que Deus nos diz nos dá a certeza de que estamos no caminho que Ele realmente preparou para que seguíssemos.

Nossas palavras devem acompanhar nossas atitudes. Como servos de Deus, somos chamados a usar nossas palavras de forma sábia e edificante. "Não saia da vossa boca nenhuma palavra torpe, mas só a que for boa para promover a edificação, para que dê graça aos que o ouvem" (Ef 4.29).

Ouvir as pessoas também é recomendado por Tiago. Provérbios diz:"Porque com conselhos prudentes tu farás a guerra; e há vitória na multidão dos conselheiros" (Pv 24.6). Ao tratar do repasse dos seus ensinos a outros, o apóstolo Paulo recomenda a Timóteo: "E o que de mim, entre muitas testemunhas, ouviste, confia-o a homens fiéis, que sejam idôneos para também ensinarem os outros" (2 Tm 2.2). O que Timóteo ouvira de Paulo deveria ser repassado a outros homens que tivessem idoneidade e fidelidade para que não alterassem a mensagem apostólica. Portanto, ouvir a Deus é um dever, e ouvir para aprender com os outros é igualmente importante.

O Ato de Falar

Falar é um presente de Deus. Poder exprimir nossas opiniões, desejos e anseios não apenas é uma dádiva divina, mas também exige uma grande responsabilidade, pois nossas palavras podem tanto edificar vidas quanto podem também destruí-las. Por isso, é necessário ter responsabilidade com aquilo que falamos.

Nossas palavras devem acompanhar nossas atitudes. Como servos de Deus, somos chamados a usar nossas palavras de forma sábia e edificante. "Não saia da vossa boca nenhuma palavra torpe, mas só a que for boa para promover a edificação, para que dê graça aos que o ouvem" (Ef 4.29). Mas também somos chamados a ter um profundo compromisso entre o que falamos e o que vivemos. De nada adianta ter um discurso ortodoxo se nossa prática de vida não corresponde às palavras que falamos. Se levarmos a sério isso, concluiremos que é melhor ficar calados até que nossas atitudes sejam coerentes com nossas palavras.

Deus não nos impede de falar, mas pede que o façamos de forma coerente e com sabedoria. Lembremo-nos do conselho de Provérbios 13.3: "o que guarda sua boca conserva a sua alma, mas o que muito abre os lábios tem perturbação".

Controlando sua Ira

Tiago nos incentiva a ser pessoas que demoram a irar-se. Ele não diz que isso é fácil. Irar-se é uma das coisas mais simples do mundo. Basta que nos deparemos com alguma adversidade que nos impeça de realizar certos planos, ou com alguma situação que aos nossos olhos seja injusta.

A ira é uma obra da Carne. Ela tem a tendência de despertar as reações mais terríveis no ser humano. Uma pessoa irada age de uma forma que não agiria se estivesse em seu juízo perfeito.

A ira da qual Tiago fala está vinculada com o ato de ouvir e falar: "... todo homem seja pronto para ouvir, tardio para falar, tardio para se irar. Porque a ira do homem não opera a justiça de

Deus" (Tg 1.19b, 20). Pessoas que falam muito tendem a errar muito, e pessoas iradas costumam destilar raiva e ódio em suas palavras.

Tiago encerra seu pensamento de forma interessante: "A ira do homem não opera a justiça de Deus". Além de falar sobre ouvir muito e falar pouco, ele menciona dois elementos a mais em seu discurso: a ira humana e a justiça divina.

Esses dois elementos citados no mesmo verso estão extremamente distantes um do outro. A ira do homem pode ser justa aos seus próprios olhos, mas isso não significa que ela é justa aos olhos de Deus. E um momento de indignação pode colocar muitas coisas a perder na vida de um cristão além de não garantir a bênção de Deus. O Eterno não se deixa levar pela raiva humana, ainda que essa aparente ser lícita. E se a ira humana fosse o referencial para que Deus agisse, não faltaria julgamento divino para todas as pessoas. Por qual motivo Deus não age de acordo com a sua justiça quando somos ofendidos, humilhados ou perseguidos?

Primeiro, porque Ele é misericordioso. Mesmo os nossos ofensores podem ser alcançados pela graça de Deus, da mesma forma que nós fomos alcançados. Segundo, o padrão de justiça divina não é como o nosso. Temos a tendência de ser imediatistas, mas Deus tem seu próprio tempo para agir em nosso favor e para julgar as injustiças com as quais somos acometidos. E terceiro, Deus espera que controlemos nossas reações emocionais. Deus sabe que tendemos à ira, mas Ele espera que não sejamos dominados por ela.

Pregadores irados provavelmente não conseguirão alcançar almas para o Reino de Deus. Professores irados certamente não conseguirão repassar seus ensinos, e crentes iracundos não conseguirão refletir a obra de Deus em suas vidas. Deus tem seu próprio senso de justiça, e ele em nada se parece com o nosso. Isso pode nos parecer injusto, mas precisamos aprender a confiar em Deus e em sua justiça.

II. PRATICANDO A PALAVRA DE DEUS

"Pelo que, rejeitando toda imundícia e acúmulo de malícia, recebei com mansidão a palavra em vós enxertada, a qual pode salvar a vossa alma. E sede cumpridores da palavra e não somente ouvintes, enganando-vos com falsos discursos. Porque, se alguém é ouvinte da palavra e não cumpridor, é semelhante ao varão que contempla ao espelho o seu rosto natural; porque se contempla a si mesmo, e foi-se, e logo se esqueceu de como era. Aquele, porém, que atenta bem para a lei perfeita da liberdade e nisso persevera, não sendo ouvinte esquecido, mas fazedor da obra, este tal será bem-aventurado no seu feito." (Tg 1.21-25)

Enxertai-vos na Palavra

Tiago fala que devemos receber com mansidão a Palavra que em nós foi colocada. Mas antes disso ele diz que é preciso rejeitar toda a imundícia e acúmulo de malícia. O que isso significa? Que além de receber a Palavra de Deus, é preciso rejeitar tudo o que a Palavra de Deus condena. É uma questão de cumulatividade (recebo a Palavra de Deus e rejeito o pecado). Nossa tendência é acumular imundícia e malícia por causa de nossa natureza pecaminosa, mas esses dois elementos devem ser substituídos pela Palavra de Deus e seus efeitos em nossas vidas. A expressão "malícia", no grego, é *kakia*, melhor traduzida como "maldade". Em todo o contexto, a maldade não pode conviver com um coração sábio e dominado pelos princípios da Palavra de Deus. Ou praticamos o que Deus diz ou privilegiaremos a maldade e as demais características rejeitadas pelo Senhor.

A recompensa por essa atitude é a salvação da alma. Aqui encontramos mais uma característica dos escritos de Tiago: a prática que espelha a salvação. Mais uma vez, Tiago mostra que as obras são um reflexo (e não o caminho) da salvação.

Praticando a Palavra

Mais do que ter a Palavra em nosso coração, é preciso exteriorizar o evangelho em nossas vidas. É curiosa a observação de Lawrence O. Richards para esta parte do texto bíblico:

Tiago argumenta que olhar para a Palavra de Deus e não agir de acordo como que vemos ali significa que o que encontramos ali nas Escrituras não tem significado para nós.[1]

Essa palavra, "significado", indica importância. Se lemos e ouvimos a Palavra de Deus e não praticamos o que ela diz estamos dizendo que o que Deus falou não tem importância alguma para nossas vidas. Se o que Ele falou não é importante, podemos entender também que Ele mesmo não é importante para nós. Pensemos nisso da próxima vez que formos ler ou ouvir a Palavra de Deus.

> Pregadores irados provavelmente não conseguirão alcançar almas para o Reino de Deus. Professores irados certamente não conseguirão repassar seus ensinos, e crentes iracundos não conseguirão refletir a obra de Deus em suas vidas.

Tiago nos desafia em seu escrito a ser praticantes da Palavra, e não apenas ouvintes. Primeiro ouvimos o discurso e depois o praticamos. Não é razoável ler, estudar e ouvir a Palavra de Deus se não temos o objetivo de seguir o que ela nos apresenta. Se temos respeito pela Palavra, é imperativo obedecê-la.

Tiago parece um mestre que ensina, lembra e relembra a seus alunos a que tenham uma vida voltada para atitudes que espelham a salvação. É como se a expressão "pratique a Palavra" fosse uma senha para uma questão difícil da uma prova. Para que façamos a diferença neste mundo, pratiquemos a Palavra. Para

---

1 RICHARDS, Lawrence O. *Comentário Histórico Cultural do Novo Testamento*. Rio de Janeiro: CPAD, p. 514

que aprendamos a domar nossa língua, pratiquemos a Palavra. Para nos afastarmos da maldade e de toda impureza, pratiquemos a Palavra. Para sermos sábios, pratiquemos a Palavra. A prática, como diz um ditado, conduz à perfeição, e no nosso caso, nos aproxima cada vez mais de Deus.

III. A RELIGIÃO PURA E VERDADEIRA

> "Se alguém entre vós cuida ser religioso e não refreia a sua língua, antes, engana o seu coração, a religião desse é vã. A religião pura e imaculada para com Deus, o Pai, é esta: visitar os órfãos e as viúvas nas suas tribulações e guardar-se da corrupção do mundo." (Tg 1.26,27)

A Falsa Religiosidade

A palavra "religião" vem do latim "religare", e traz a ideia de religar o homem a Deus. Religião pode ser considerada resumidamente como um conjunto de práticas que os fiéis realizam, dentro de seus cultos.

Tiago fala da religião pura e verdadeira em contraposição à religião falsa. Salvo melhor juízo, esse texto de Tiago não nos parece indicar uma contraposição apologética contra outras formas de manifestações religiosas não cristãs, como as outras religiões que o mundo possuía na época. Ao que parece, Tiago está associando, dentro da comunidade cristã, a verdadeira religião com práticas adequadas, e mostrando que a fé verdadeira está associada não apenas à fé, mas com o que fazemos para espelhar nossa fé.

A Verdadeira Religião

Aqui há uma expressão que deve nos chamar a atenção: "A religião pura e imaculada para com Deus...". O conceito de religião está mais atrelado à ideia de espiritualidade demonstrada dentro de uma comunidade. Tiago, em contraposição, mostra que Deus se vincula às nossas práticas de amor e misericórdia para com pessoas que estão à margem da sociedade: órfãos e viúvas nas suas tribulações.

Tiago apresenta uma realidade que está vinculada à prática da verdadeira religião: cuidar daqueles que nos estão próximos. A família, ou membros dela, deveriam ser assistidos sempre. De acordo com Henry Daniel-Rops,

> Os ensinamentos dos rabinos enfatizavam a ideia de que "não cuidar do irmão"era de fato agir como Caim, e elogiavam o exemplo de José, que perdoou os irmãos perversos que tentaram matá-lo, e ao se tornar governador do Faraó, recebeu-os bem e estabeleceu-os na terra de Gósen. Era assim que se comportava o verdadeiro israelita.[2]

A orfandade ocorria quando um dos membros da família com responsabilidade de ser o provedor morria, deixando seus dependentes desassistidos. Filhos sem pais estariam à mercê de tribulações não apenas financeiras, mas também relacionadas à fé.

A viuvez, como também a orfandade, era advinda igualmente da morte, mas de um dos cônjuges. De acordo com o texto, Tiago não cita viúvos, e sim viúvas. Claro que um homem poderia ficar viúvo, mas não há indicações de que ele deveria ser ajudado da mesma forma que a viúva pela igreja. Isso não significa que um viúvo não devesse ser ajudado, pois a perda de um cônjuge tem efeitos dolorosos no cônjuge sobrevivente. Entretanto, de forma geral, as mulheres geralmente cuidavam da casa e da educação dos filhos, enquanto o homem deveria ser o provedor das necessidades advindas do lar. Uma vez que a morte recolhia o provedor, não raro a viúva ficava desassistida, caso seus filhos não tivessem a idade para se unirem e manterem sua mãe.

Uma viúva não poderia trabalhar nem mesmo ter herança, pois esta ia para o filho mais velho da família. Se não houvesse

---

2 Daniel-Rops, Henry. *A Vida Diária nos Tempos de Jesus*. São Paulo: Vida Nova, p. 134

socorro dentro de casa, as viúvas acabariam mendigando ou se vendendo como escravas.

Nesses dois casos, como vimos, os fatores em comum são a morte e as tribulações advindas dela. Um exemplo clássico no Antigo Testamento é o caso da viúva de um profeta nos dias de Eliseu. O esposo dessa mulher frequentava a escola de profetas, mas faleceu e deixou dívidas que precisavam ser quitadas. Como a mulher não tinha bens para adimplir as obrigações contraídas pelo seu esposo, os credores lhe bateram à porta para serem ressarcidos ou levariam os filhos daquele casamento. Aquelas duas crianças órfãs de pai seriam escravas dos credores. A situação era de fato terrível. Não bastava que as crianças fossem privadas do convívio e do exemplo de seu pai. Eles deveriam sair de casa e se tornarem escravos e isso deixou a mãe apavorada. Mas havia um profeta em Israel, e essa mãe foi falar com o servo de Deus.

O profeta Eliseu orientou a viúva a que se provesse de vasos para colocar azeite. O líquido, por mais que de pouco valor agregado em relação a custo, seria multiplicado e deveria ser vendido para pagar a dívida e permitir que a família vivesse do que sobrou (Eliseu não diz que a mulher deveria pegar os recursos adquiridos com a venda do azeite e fugir da cidade para evitar quitar o compromisso, e Deus honrou aquela mulher porque ela entendeu que deveria pagar a dívida contraída pelo seu falecido marido).

Deus não se esquece dos órfãos e viúvas, e ordena que os cristãos façam o mesmo, ou seja, que sejam usados por Deus cuidando dessas pessoas. Acima de tudo, o desafio é que a igreja hoje exerça a misericórdia para com as pessoas que justamente não podem retribuir na mesma medida de bondade. Isso mostra não apenas a prática da sabedoria, mas também a concretização daquilo que Deus deseja de nós.

Guardando-se da Corrupção

Além de visitar órfãos e viúvas nas suas necessidades, é preciso que nos resguardemos da corrupção do mundo. É possível que uma pessoa corrupta faça atos de caridade em prol dos mais desassistidos? Sim. Mas aos olhos de Deus, guardar-se do sistema deste mundo e de suas tendências corruptas faz parte da demonstração da verdadeira religião aos olhos de Deus. A corrupção do mundo pode contaminar nossos corações, e por isso devemos ficar distantes dela.

Assim, é a fé que agrada a Deus. Mais que cerimônias, Deus quer de nós atitudes.

Bibliografia utilizada neste capítulo

Manual da Bíblia de Aplicação Pessoal. CPAD

Vincent — Estudo no Vocabulário Grego do Novo Testamento. CPAD

Mathew Henry — Comentário Bíblico do Novo Testamento. Atos a Apocalipse. CPAD

Comentário Bíblico Beacon — Volume 10. CPAD

Comentário Bíblico pentecostal do Novo Testamento — Volume 2. CPAD

Comentário do Novo Testamento Aplicação Pessoal. CPAD

Teologia do Novo Testamento. Roy B Zuck. CPAD

Dicionário Vine. CPAD

Dicionário Bíblico Wycliffe. CPAD.

O Novo Testamento Interpretado Versículo por Versículo. Russel Norman Champlin. Milenium.

Uma Introdução aos Escritos do Novo Testamento. Erick Mauerhofer, Editora Vida.

Estudos no Cristianismo não Paulino. F F Bruce. Shedd Publicações.

Homens com uma Mensagem. John Stott. Cultura Cristã

Introdução ao Novo Testamento. D. A. Carson, Douglas J. Moo e Leon Morris. Vida Nova.

O Novo Testamento, sua Origem e Análise. Merril C. Tenney. Vida Nova.

Panorama do Novo Testamento. Robert H. Gundry. Vida Nova.

6
Capítulo

A verdadeira fé cristã não faz acepção de pessoas

Silas Daniel

Um dos pecados mais comuns, até mesmo entre alguns ditos cristãos, tem sido a acepção de pessoas, isto é, a discriminação de uma pessoa por causa da sua condição financeira, da sua posição social ou da sua aparência. A acepção de pessoas trata-se de uma atitude absolutamente anticristã, como veremos com detalhes neste capítulo. Tiago 2.1-13 enfatiza que nenhum cristão pode-se dizer verdadeiramente um cristão se vive favorecendo ou desprezando as pessoas devido à condição social delas.

Há vários textos na Bíblia que ressaltam esse pecado, porém, sem dúvida alguma, a passagem bíblica mais marcante e enfática sobre esse assunto é a que abre o capítulo 2 da Epístola de Tiago. Ao ser lida hoje, a referida passagem chama a atenção pela sua contundência, porém é preciso frisar que, na época em que Tiago a escreveu, ela soou ainda mais contundente do que hoje. Isso porque, nós, ocidentais, apesar do processo cada vez mais avançado de descristianização da sociedade ocidental, ainda podemos perceber o horror de tal atitude. Só que, nos tempos de Tiago, a cultura era totalmente outra, bem distinta da nossa.

O mundo, na época de Tiago, era caracterizado por profundas divisões sociais que eram aceitas normalmente pela maioria esmagadora da sociedade. Naquela época, agir com humildade era manifestação de fraqueza, não de virtude; e fazer distinção de pessoas por aparência ou por condições físicas ou socioeconômicas era visto como algo absolutamente natural. Logo, a mensagem cristã, ao ser proclamada, teria um impacto enorme na sociedade de então, porque ela batia fortemente de frente com toda essa cultura, ao pregar a humildade, o perdão, a misericórdia, a igualdade entre os seres humanos etc.

Fazer acepção de pessoas é desonrar a fé em "nosso Senhor Jesus Cristo, Senhor da Glória" (Tg 2.1), Deus encarnado, que nunca fez acepção de pessoas. Aliás, a Bíblia diz que Deus olha não a aparência, mas o coração da pessoa (1 Sm 16.7).

O Cristianismo nivela todas as pessoas, e o faz inicialmente com a afirmação de que "todos pecaram e destituídos estão da glória de Deus" (Rm 3.23). Além disso, ele também ordena que amemos o nosso próximo incondicionalmente, independente de sua condição social, econômica, física etc (Lv 19.18; Mt 22.39). Aliás, se hoje há menos discriminação do que houve no passado, isso se deve à influência do Cristianismo na história. Se o Ocidente mantivesse intacta a cultura pagã da Antiguidade, que, por exemplo, discriminava deficientes e pobres, com certeza a acepção de pessoas ainda seria vista hoje como a ordem do dia em vez de uma aberração moral, como realmente é. Sim, é verdade que houve falhas morais no passado nessa área — e hoje eventualmente ainda há — entre aqueles que professam a fé cristã, mas mesmo os mais críticos do Cristianismo não podem deixar de afirmar que esse não é o ensino do Cristianismo e que o mundo seria moralmente pior se não se deixasse impregnar minimamente pelos valores judaico-cristãos. Devemos o conceito de igualdade e de direitos humanos que temos hoje no mundo a esses valores.

Dito isso, vejamos a seguir, com detalhes, as razões bíblicas, apresentadas pelo apóstolo Tiago no capítulo 2 de sua epístola, pelas quais a acepção de pessoas é totalmente rejeitada pelos cristãos.

As razões bíblicas para a não acepção de pessoas

Em primeiro lugar, fazer acepção de pessoas é desonrar a fé em "nosso Senhor Jesus Cristo, Senhor da Glória" (Tg 2.1), Deus encarnado, que nunca fez acepção de pessoas. Aliás, a Bíblia diz que Deus olha não a aparência, mas o coração da pessoa (1 Sm 16.7).

Em segundo lugar, a Bíblia diz que a nossa motivação em tudo o que fazemos deve ser o amor (1 Co 13.1-8), razão pela qual Tiago lembra que a "Lei Real" (Tg 2.8), isto é, a Lei do Reino de Deus, é "Amarás a teu próximo como a ti mesmo". Portanto, a acepção de pessoas deve ser considerada um absurdo pelo verdadeiro cristão, uma vez que fere o princípio do Reino de Deus de amarmos o próximo como a nós mesmos, isto é, a Lei do Amor.

Em terceiro lugar, Tiago cita a acepção de pessoas no início do capítulo 2 como um exemplo de algo oposto à verdadeira religião, que é apresentada de forma sintética no final do capítulo 1 (Tg 1.27). Os dois assuntos estão umbilicalmente ligados no texto da epístola. Logo, o que Tiago está dizendo aqui, ao tratar desse assunto, é que quem pratica a acepção de pessoas não é um verdadeiro cristão, não vive de fato uma vida de piedade, mas uma farsa religiosa.

Em quarto lugar, especialmente sobre o tratamento dado aos pobres, Tiago lembra que aos pobres deste mundo também foi dado conhecer o Reino de Deus e o privilégio de serem filhos do Rei, devendo estes serem tratados da mesma forma, com a mesma dignidade, com que são tratados os irmãos não pobres (Tg 2.5). O apóstolo também evoca o fato de que há ricos maus e perversos, inclusive muitos que estavam levando cristãos às barras dos tribunais injustamente e blasfemavam deles (Tg 2.6,7); logo, era absolutamente incoerente tratar com dignidade homens perversos e maus só por serem ricos e deixar de honrar e valorizar homens simples e honestos apenas porque são pobres. Tratava-se de uma contradição abissal.

A cena imoral descrita por Tiago

Nos versículos de 2 a 4, Tiago descreve uma cena que, muito provavelmente, não se trata de uma mera hipótese ou conjectura, como aparenta ser à primeira vista, mas de algo que o próprio apóstolo deve ter presenciado em algum ajuntamento de crentes da Igreja Primitiva em seus dias, para seu imenso desgosto e indignação. Vamos ler atentamente a descrição que Tiago faz dessa cena e, em seguida, vejamos alguns detalhes elucidativos que encontramos nela:

> "Porque, se no vosso ajuntamento entrar algum homem com anel de ouro no dedo, com vestes preciosas, e entrar algum pobre com sórdida vestimenta, e atentardes para o que traz a veste preciosa e lhe disserdes: Assenta-te tu aqui, num lugar de honra, e disserdes ao pobre: Tu, fica aí em pé ou assenta-te abaixo do meu estrado, porventura não fizestes distinção dentro de vós mesmos e não vos fizestes juízes de maus pensamentos?"

O primeiro detalhe que nos chama a atenção nessa passagem é o vocábulo grego traduzido aqui por "ajuntamento". Ele é o mesmo utilizado para referir-se às sinagogas judaicas: *Synagoge*. Curiosamente, como lembra o teólogo A. F. Harper, "esse é o único texto do Novo Testamento em que uma congregação cristã é chamada de 'sinagoga'".[1]

O uso do termo "sinagoga" aqui sugere o óbvio: que Tiago está falando a cristãos judeus, isto é, a judeus convertidos ao Cristianismo, os quais ainda se reuniam por essa época em ajuntamentos ao estilo judaico[2] e, por isso, muito provavelmente, ainda traziam consigo práticas das sinagogas de seus dias que se chocavam com o espírito do Evangelho. Tais práticas haviam, inclusive, já sido alvo da repreensão de Jesus, como podemos ver em Mateus 23.6. Inclusive, os escribas e fariseus, que Jesus censura nessa passagem por terem, dentre outros muitos comportamentos pecaminosos, o hábito de amarem "os primeiros lugares nas ceias e as primeiras cadeiras nas sinagogas", eram, segundo o relato do evangelista Lucas, homens bem aquinhoados financeiramente e — conforme ele mesmo os define expressamente — "avarentos" (Leia Lucas 16.9-15). A narrativa dos evangelhos dá a entender, por exemplo, que os fariseus Nicodemos e Simão, simpáticos a Jesus, eram ricos (Jo 3.1; Lc 7.36-50). Isso não quer dizer, claro, que todos os fariseus eram ricos. Só uma parte o era. Acredita-se que a maioria era de classe média. Os saduceus é que, provavelmente, eram, em sua maioria, ricos.

Na época de Jesus e Tiago, era comum homens de elevada posição social, política ou religiosa serem bajulados nas sinagogas, enquanto os mais pobres eram geralmente preteridos, desprezados. Durante o seu ministério terreno, Jesus chamou a

---

1 *Comentário Bíblico Beacon — Hebreus a Apocalipse*. Rio de Janeiro: CPAD, 2004, p. 165.

2 Matthew Henry sugere que tais ajuntamentos poderiam ser "aquelas reuniões que eram marcadas para decidir questões de diferença entre os membros da igreja ou para determinar se deveria haver alguma repreensão a alguém, e o que seria essa repreensão". Por isso, a palavra grega usada aqui é *Synagoge*, numa referência, segundo ele acredita, a "uma assembleia como a que ocorria nas sinagogas judaicas quando [os judeus] se reuniam para fazer justiça" (HENRY, Matthew, *Comentário Bíblico do Novo Testamento — Atos a Apocalipse — Edição Completa*, Rio de Janeiro: CPAD, 2012, p. 832).

atenção para esse comportamento mais de uma vez, condenando-o, como podemos ver em passagens como Mateus 12.41-44 e 23.6.

Mas, outro detalhe importante dessa cena descrita por Tiago é que ele não necessariamente se refere a crentes que costumeiramente frequentavam essas sinagogas cristãs, esses ajuntamentos de crentes em Cristo. É mais provável que ele esteja aludindo a ricos e pobres que apenas visitavam essas reuniões e não a membros regulares. Quanto a se eram crentes em Cristo ou não, como afirma Harper, "há divergência de opinião" entre os comentaristas bíblicos "se esses eram visitantes cristãos ou não cristãos";[3] mas, seja como for, "a verdade espiritual do texto não muda", ela não é alterada pelo fato de os visitantes serem crentes ou não. A maioria, porém, acredita que Tiago se refira a visitantes ricos crentes, devido ao contexto da Epístola, que traz também repreensões voltadas exclusivamente para cristãos ricos que agiam como ímpios, como podemos ver no capítulo 5 desta Epístola e sobre o qual falaremos com detalhes no capítulo 12 deste livro.

Mais um detalhe a ser considerado é a descrição "com anel de ouro no dedo e com vestes preciosas" (Tg 2.2). Explica Harper que "o anel de ouro indicava que esse homem era do Senado ou um nobre romano", pois "durante os primeiros anos do Império [Romano], somente homens nessa posição tinham o direito de usar esse tipo de anel".[4] Já "vestes preciosas" é uma referência a belas togas brancas, que eram uma vestimenta "usada frequentemente por candidatos a um ofício político".[5]

A expressão "abaixo do meu estrado" (Tg 2.3) é uma alusão ao fato de que, em uma sinagoga, "pessoas de uma posição inferior ficavam em pé ou sentavam no chão". Logo, "abaixo do meu estra-

---

3 *Comentário Bíblico Beacon — Hebreus a Apocalipse*. Rio de Janeiro: CPAD, 2004, p. 165.

4 Ibidem, p. 165

5 Ibidem, p. 165

do" deve ser compreendido como "aos meus pés".[6] Isto é, enquanto as cadeiras das sinagogas e os demais assentos do ajuntamento eram reservados para os anciãos, escribas, fariseus e saduceus, e a qualquer outra pessoa na congregação que fosse detentora de privilegiada posição social, os pobres ficavam no pé ou no chão. E o mesmo estava ocorrendo nos ajuntamentos dos cristãos judeus, denuncia e repreende Tiago, que declara contundentemente: "Porventura não fizestes distinção dentro de vós mesmos e não vos fizestes juízes de maus pensamentos?" (Tg 2.4).

"Juízes de maus pensamentos"

O que quer dizer a expressão "juízes de maus pensamentos"? Trata-se de uma referência a juízes que julgam com base em pensamentos errados, equivocados, ou seja, tendo como fundamentos, padrões absolutamente equivocados, critérios iníquos.

> Em Cristo, não há pobre nem rico, homem nem mulher, negros nem brancos, amarelos ou pardos, gentio nem judeu. Todos são um em Cristo:

Harper entende que a melhor tradução aqui seria "juízes com mais pensamentos", que é a utilizada em inglês pela Revised Standard Version.[7] Ele apresenta ainda um preciso resumo dos padrões errados desses cristãos que honravam os nobres e preteriam os pobres na congregação. Vejamos esse resumo:

> Que tipo de pensamentos maus esses cristãos mal-orientados estavam tendo?
>
> 1) Que a vestimenta fina era a marca de homens finos e que roupa comum significava caráter comum.
>
> 2) Que a riqueza é um marco do valor das pessoas.
>
> 3) Que a posição financeira fazia diferença na aceitação na igreja.
>
> 4) Que "sistemas de castas" sociais e econômicas são aceitáveis para Cristo e apropriadas para sua Igreja.[8]

6 Ibidem, p. 165

7 Ibidem, p. 166.

8 Ibidem, p. 166.

Ainda hoje, infelizmente, há pessoas que se deixam guiar por esses critérios iníquos. Isso só revela o quão distante os seus corações estão ainda do verdadeiro Evangelho. Como afirma Matthew Henry, "a deformidade do pecado nunca é verdadeira e totalmente discernida até que o mal dos nossos pensamentos seja revelado; e é isso que agrava extremamente as faltas do nosso temperamento e da nossa vida, que 'toda imaginação dos pensamentos de seu coração era só má continuamente' (Gn 6.5)".[9] Que Deus nos livre de cairmos nesse mesmo pecado! Que em nossas igrejas e no nosso dia a dia tratemos a todos com honra, amor e respeito, independente da condição social de cada um.

A consistência entre o falar e o agir

Tiago termina essa primeira parte do capítulo 2 enfatizando a necessidade de haver consistência entre o falar e o agir na vida do cristão (Tg 2.9,10,12), lembrando que haverá juízo divino sobre aqueles que não se arrependem, mas vivem um falso Cristianismo (Tg 2.11-13), isto é, vivem uma fé cristã de fachada, onde a fé e as obras estão dissociadas. Aliás, o exemplo que ele cita de religião falsa no início do capítulo 2 serve de gancho para que, em seguida, ele trate mais específica e exatamente sobre a relação indissociável entre a fé genuína e as boas obras (Tg 2.14-26).

O resumo de Tiago sobre o tema acepção de pessoas é: "Assim falai e assim procedei" (v.12a). Isto é: "Cristão, viva o que você prega! Se você é mesmo um cristão verdadeiro, então você deve amar o teu próximo como Cristo o fez: independente de condição social, etnia, idade, sexo, condição financeira e status". Ou seja, tenha um coração como o de Jesus. Ame as pessoas como Deus as ama.

Finalmente, do belo texto de Tiago sobre o juízo e a misericórdia no versículo 13, Matthew Henry ressalta três lições: "(1) A

---

[9] HENRY, Matthew, *Comentário Bíblico do Novo Testamento — Atos a Apocalipse — Edição Completa*, Rio de Janeiro: CPAD, 2012, p. 833.

condenação que será pronunciada sobre os pecadores impenitentes no final vai ser o juízo sem misericórdia; [...] (2) Aqueles que não mostrarem misericórdia agora não encontrarão misericórdia naquele grande dia; mas [...] (3) Haverá aqueles que se tornarão exemplos do triunfo da misericórdia, em quem a misericórdia rejubila contra o juízo".[10] Amém! Como disse Jesus, "bem-aventurados os misericordiosos, porque eles alcançarão misericórdia" (Mt 5.7).

A comunidade cristã

Imagine, em uma época como a de Tiago, quando o mundo era marcado por divisões sociais profundas as quais mencionei rapidamente na introdução deste capítulo, surgir uma comunidade em que não havia acepção de pessoas, onde o pobre convivia com o rico, onde o servo convivia com o seu senhor e onde tanto judeus quanto gentios adoravam a Deus juntos e com alegria. Essa era a comunidade cristã, que impactou a Antiguidade durante o período do Império Romano.

Urge que mantenhamos esse modelo bíblico da Igreja Primitiva em nossos dias, um modelo que influenciou cristãos na História a lutar contra a discriminação racial ou étnica, contra o sexismo (seja ele machista ou feminista), contra a discriminação por classes sociais e econômicas, e contra a discriminação de deficientes. Essa foi uma marca, inclusive, nos grandes avivamentos da História: foi assim, por exemplo, no Avivamento Wesleyano no século XVIII, na Inglaterra, e no início do Movimento Pentecostal Moderno, como no caso do Avivamento da Rua Azusa, em Los Angeles, Estados Unidos, no início do século XX.

Segundo os jornais norte-americanos da época, o Avivamento da Rua Azusa causava repulsa em alguns e admiração em ou-

---

10 HENRY, Matthew. *Comentário Bíblico do Novo Testamento — Atos a Apocalipse*. Rio de Janeiro: CPAD, 2012, p. 835.

tros pelo fato de que aquele galpão, onde ocorriam as reuniões sob a direção do líder negro pentecostal William Joseph Seymour (1870-1922), reunia tanto negros quanto brancos, e gente de todos os extratos sociais, que se prostravam juntos em adoração a Deus. Em sua obra *The Charismatic Century: The Enduring Impact of the Azusa Street Revival* (Warner Faith, 2006, EUA), Jack Hayford e Davi Moore registram relatos da época de críticas ao movimento porque "homens e mulheres, brancos e negros, se ajoelhavam juntos" e "se abraçavam" em momentos de quebrantamento; e o jornalista John Sherrill, em sua obra *They Speak in Other Tongues* ("Eles Falam em Outras Línguas"), conta que "ricos e pobres, igualmente, vinham ver o que ali acontecia". E ele continua: "Vinham pessoas das cidades circunvizinhas, mas também do meio-oeste norte-americano, dos estados de Nova Inglaterra, do Canadá, da Grã-Bretanha. Havia ali brancos e negros, idosos e jovens, educados e iletrados".[11]

Em Cristo, não há pobre nem rico, homem nem mulher, negros nem brancos, amarelos ou pardos, gentio nem judeu. Todos são um em Cristo: "Porque todos sois filhos de Deus pela fé em Cristo Jesus; porque todos quantos fostes batizados em Cristo já vos revestistes de Cristo. Nisto não há judeu nem grego; não há servo nem livre; não há macho nem fêmea; porque todos vós sois um em Cristo Jesus. E se sois de Cristo, então sois descendência de Abraão e herdeiros conforme a promessa" (Gl 3.26-29). Aleluia!

Confusões pós-modernas sobre o sentido correto da não acepção de pessoas à luz da Bíblia

Antes de concluirmos esse assunto, é importante destacarmos ainda que, infelizmente, devido ao relativismo moral que está grassando na nossa sociedade nas últimas décadas,

---

[11] SHERRILL, John. *Eles Falam em Outras Línguas*. São Paulo: Editora Betânia, 1969, p. 59.

muitos têm distorcido maquiavelicamente o sentido real e original dos direitos humanos, da igualdade à luz dos valores judaico-cristãos, e passado a combater, como se acepção de pessoas fosse, aquilo que na verdade não o é. Por exemplo: em nome da não acepção de pessoas, há quem defenda o homossexualismo como uma prática que deve ser aceita por todos normalmente, inclusive pelos cristãos, e ainda criam leis para punir quem não concorde com essa prática, mesmo que os cristãos tratem respeitosamente todos os homossexuais. Para quem defende isso, não aceitar a prática homossexual significa acepção de pessoas.

Ora, acepção de pessoas não é isso. Acepção de pessoas é favoritismo com base em condições sociais, é desamor, é desprezo. E não fazer acepção de pessoas é tratar todas as pessoas da mesma forma, isto é, com respeito e amor. Não tem nada a ver com concordância com práticas erradas.

Além disso, não fazer acepção de pessoas também não tem nada a ver com desprezar as diferenças naturais, como querem fazer crer, por exemplo, as feministas. Justamente porque não faz acepção de pessoas, o cristão respeita as diferenças naturais, não procurando confrontar ou forçar a diferença de uma pessoa sobre a outra. Simplesmente, ele apenas rejeita aquilo que é pecaminoso, não despreza o que é natural e respeita todos, crentes ou não, tratando-os com respeito.

Há feministas que citam Gálatas 3.28, que diz que em Cristo "não há macho nem fêmea" para sustentar que não deve haver diferença de funções entre homens e mulheres. Trata-se de um erro grotesco, pois o referido texto, como o seu próprio contexto denota, não quer dizer nada disso. Como afirma Donald Stamps a respeito de Gálatas 3.28, Paulo aqui está removendo "todas as distinções étnicas, raciais, nacionais, sociais e sexuais no que diz respeito ao nosso relacionamento espiritual com Jesus Cristo". Ele está dizendo que "todos os que estão em Cristo são igualmente herdeiros da graça divina (1 Pe 3.7), do Espírito prometido (Gl 3.14; 4.6) e da restauração à imagem de Deus (Cl 3.10,11)". E, "por outro lado, dentro do contexto de igualdade espiritual, os homens permanecem homens e as mulheres, mulheres (Gn 1.27). Os papéis que Deus lhes atribuiu no casamento e na sociedade permanecem imutáveis (1 Pe 3.1-4; Ef 5.22,23)".[12]

Em época de significados distorcidos, clarificação de ideias se torna um dever constante. Logo, como o conceito de tolerância no cristianismo ou mesmo de tolerância em termos democráticos está sendo cada vez mais distorcido, urge fechar este capítulo explicitando seu significado.

Antes de tudo, o cristão bíblico, obviamente, defende fervorosamente a tolerância; porém, não qualquer tipo de tolerância. E que tipo de tolerância ele defende e qual ele não defende? Ele defende a tolerância legal e a tolerância social, mas não a tolerância acrítica. Como assim?

O cristão bíblico defende o direito que cada pessoa tem de acreditar em qualquer crença (ou em nenhuma) que se queira acreditar. Ele defende, por exemplo, que ninguém deve ser coagido a crer no que ele, cristão, crê. Isto é, o verdadeiro cristão defende e promove a liberdade religiosa. Isso se chamada tolerância legal.

O cristão bíblico também defende o respeito a todas as pessoas, mesmo que discorde frontalmente de suas religiões ou ideias. Ele defende a paz entre os indivíduos, entre os diferentes. Isso é tolerância social.

É com base na tolerância legal e na tolerância social que temos de fato a chamada liberdade religiosa.

Entretanto, o cristão bíblico não defende a tolerância acrítica. Muito ao contrário: ele defende que a tolerância em uma democracia, assim como a tolerância cristã à luz da Bíblia, não é sinônimo de ser acrítico, de não poder expressar, defender e pregar

---

12 *Bíblia de Estudo Pentecostal.* Rio de Janeiro: CPAD, 2002, pp. 1798 e 1799.

os valores bíblicos. Agora, em tudo, deve haver sempre o amor e o respeito.

Bibliografia utilizada neste capítulo

Bíblia de Estudo Pentecostal. Rio de Janeiro: CPAD, 2002.

HENRY, Matthew. *Comentário Bíblico do Novo Testamento — Atos a Apocalipse.* Rio de Janeiro: CPAD, 2012.

SHERRILL, John. *Eles Falam em Outras Línguas.* São Paulo: Editora Betânia, 1969.

7
Capítulo

A fé se manifesta em obras

Alexandre Coelho

Introdução

Neste capítulo, veremos a importância de manifestar nossa fé por meio de nossas obras. Veremos quais exemplos Tiago mostra de fé e obras sendo utilizadas para que o povo de Deus tenha modelos práticos a seguir, e a partir dessa nova visão de vida, ser um canal de bençãos.

I. DIANTE DO NECESSITADO, A NOSSA FÉ SEM OBRAS É MORTA (Tg 2.14-17)

Caracterizando a verdadeira fé

Falar sobre fé implica diversos fatores. Ela precisa ter um conjunto de valores que estejam conjugados de forma doutrinária, um modelo de culto e uma forma de interação entre as pessoas que dessa fé participam. Mas a fé também precisa ser prática, ou seja, precisa ser demonstrada no dia a dia de seus crentes. E a fé cristã não pode ser resumida em um conjunto de preceitos sem prática, ou será morta aos olhos daqueles que nos observam.

O cristão e a caridade

Somos chamados para a prática de boas obras, e essas boas obras devem ser manifestas às pessoas próximas de mim. O exemplo apresentado por Tiago traz um homem ou uma mulher que estão padecendo necessidades básicas, como falta de roupas e falta de alimentação. A questão é: podemos dizer a uma pessoa nessas condições: "Vá para sua casa, se aqueça e coma bastante", sem que possamos lhes dar o necessário para o seu corpo, como roupas e comidas? Parece ilógico que um cristão faça isso com outro irmão, mas ao que parece, era isso que estava acontecendo.

> Muitos salvos em Cristo veem com indiferença as boas obras, por acharem que elas são a marca registrada de pessoas que querem ser salvas sem aceitar a Jesus.

Talvez aqueles crentes que dissessem isso como se esperassem que Deus interviesse de forma sobrenatural na vida dos necessitados, enviando maná e codornizes, ou quem sabe, trazendo água, carne e pão. E Deus age dessa forma? Claro que não. Pensemos nos contextos bíblicos apresentados. Deus mandou o maná no deserto para o povo de Israel, e eles não apenas usufruíram daquele presente divino, mas aprenderam a lidar com ele de acordo com as orientações de Deus. Mas lembremo-nos de que esse povo estava saindo do Egito, estavam em um deserto e dependeram unicamente de Deus para sua provisão. Para Elias, Deus mandou carne por meio de corvos, e a água que o profeta precisava consumir vinha do ribeiro de Querite. Mas Deus ordenara a Elias que se dirigisse àquele lugar depois de desafiar o rei Acabe. Elias não foi para lá porque quis. Em ambos os casos, Deus mesmo proveu o necessário para um grupo imenso de pessoas, e depois para um único profeta.

Deus pode fazer esses milagres hoje? Sim, pode, mas já deixou claro orientações para que sejamos misericordiosos com os menos favorecidos e os auxiliemos. Deus é sim Deus do impossível, mas não é Deus do absurdo. O que eu e você devemos fazer Ele não vai fazer, pois espera que o obedeçamos e façamos a nossa parte.

A caridade é uma forma de demonstração da fé cristã. Essa forma de demonstração jamais nos permitirá ser indiferentes à pessoas que estão necessitadas de recursos.

Tiago não nos ordena a que falemos de Jesus às pessoas. Ele não nos manda curar enfermos ou profetizar para demonstrar nossa fé. Ele não nos manda ser ortodoxos em relação à teologia. Todas essas coisas são importantes, mas não mais que um irmão necessitado que espera socorro de Deus, socorro este que será feito por um outro irmão em nome de Deus.

Acredito que muitos cristãos pensam que fazer boas obras e caridade são atributos de outros grupos religiosos, e que Deus se preocupa muito mais com a salvação de almas do que com o restante dos dias dessas almas salvas. Esse é um pensamento errado. Há pessoas religiosas que praticam boas obras porque acreditam que por elas serão salvas. Há outras pessoas que utilizam as boas obras para se tornarem pessoas melhores nesta vida, ou para que purguem pecados supostamente praticados em "outras vidas" por meio da caridade. Em ambos os casos, o equívoco é claro. Boas obras não podem salvar uma pessoa por mais devota quer ela seja, nem mesmo atenuar para um futuro próximo atitudes ruins que teriam sido praticadas em uma suposta vida anterior.

Aqui está o problema. Muitos salvos em Cristo veem com indiferença as boas obras, por acharem que elas são a marca registrada de pessoas que querem ser salvas sem aceitar a Jesus. Mas só porque esses grupos de pessoas praticam boas obras, essas boas obras não atingem os mais necessitados, mesmo que não proporcione aos praticantes, a salvação? Sim, os mais necessitados são contemplados pelas boas obras que eles fazem e nós não fazemos.

As boas obras desses grupos não são inválidas, mesmo que não lhes dê a salvação. E nossa fé, como pode ser considerada se estiver divorciada de boas obras? Será que aos olhos de Deus ganhamos pontos extras com nossa indiferença para com os mais necessitados?

Tiago não conclui ainda seu pensamento. Para ele, mostrar a imagem de uma pessoa necessitada utiliza um recurso extremo para ilustrar seu pensamento: a fé em Deus apenas sem as práticas não nos torna melhores pessoas. Os demônios com certeza possuem um grande conhecimento sobre Deus, sabem de sua existência e estremecem. Mas nem por isso eles deixam de cumprir as ordens de Satanás. Eles sabem que Deus existe e o odeiam. Seu conhecimento de Deus os leva a manifestações cada vez mais rebeldes. Saber da existência de Deus e não praticar obras que coincidam com a mentalidade bíblica é, ressalvadas as devidas proporções, comparável à crença que os demônios têm. Saber da existência de Deus é apenas um processo. A prática de boas obras é a complementação desse processo.

Que Deus nos ajude a não apresentar ao mundo uma fé cristã morta, indiferente às necessidades de pessoas de nossas igrejas. Que eu não imagine que minha posição de conforto, onde estou saciado de necessidades básicas, me foi dada por Deus por ser eu um filho mais digno que outros filhos. Os mais necessitados da congregação são tão ou mais dignos, pois a estes, Deus deseja abençoar usando a minha vida como um canal. O socorro de Deus para essas pessoas está no bolso dos mais abastados. E que a caridade cristã seja um diferencial na nossa vida e na vida das pessoas que vamos socorrer, lembrando-nos de que nós mesmos poderíamos estar no lugar deles, e que se isso ocorresse, gostaríamos de receber a ajuda que daremos.

II. DOIS EXEMPLOS VETEROTESTAMENTÁRIOS DE FÉ COM OBRAS (Tg 2.18-25)

Abraão

Abraão é considerado o pai da fé. Isso não significa que ele foi o primeiro homem a ter a fé em Deus, pois outros homems são destacados na Bíblia como sendo pessoas que criam e obedeciam a Deus antes de Abraão. Entretanto, a Palavra de Deus dá um destaque ao patriarca, pois Abraão creu em Deus e foi considerado um homem justo. E que momento da vida de Abraão é destacado por Tiago? Justamente o momento em que o patriarca vai oferecer seu único filho em holocausto ao Senhor. Aqui destacamos duas coisas: Abraão ouviu a voz de Deus quando Ele ordenou que o patriarca oferecesse seu filho em holocausto, mas tambem obedeceu a Deus quando Ele enviou seu anjo e ordenou a Abraão que não estendesse sua mão contra o moço, para o sacrificar. Foi sem dúvida uma prova difícil, mas Abraão confiou que Deus iria fazer o melhor, pois Ele mesmo havia prometido que faria de Abraão uma grande nação.

Ainda apresentando Abraão, Tiago diz que "...o homem é justificado pelas obras, e não somente pela fé" (Tg 2.24). Como lidar então com essa declaração de Tiago? As obras seriam um complemento para a fé salvífica?

Tiago busca a praticidade da fé na vida cristã. Ele não declara em momento algum que as obras salvam, se não a fé em Jesus seria incompleta. Nem está colocando em cheque os ensinos de Paulo sobre a salvação pela fé. O que ele está argumentando é que a fé precisa ser demonstrada em atitudes. Matthew Henry coloca esse assunto assim:

> Quando Paulo diz que "o homem é justificado pela fé, sem as obras da lei" (Rm 3.28), ele claramente fala de um outro tipo de obras do que Tiago tem em mente. Paulo fala em obras realizadas em obediência à lei de Moisés, e antes de os homens abraçarem

a fé evangélica. E ele estava lidando com aqueles que se valorizavam tanto por conta das obras que rejeitavam o evangelho (como Romanos 10 declara expressamente no início); mas Tiago fala de obras realizadas em obediência ao evangelho, e como efeito e frutos apropriados e necessários da sólida fé em Jesus Cristo.

Ambos estão interessados em exaltar a fé do evangelho, como aquele que somente pode nos salvar e justificar; mas Paulo o exalta ao mostrar a insuficiência de quaisquer obras da lei antes da fé, ou em oposição à doutrina da justificação por Jesus. Tiago exalta a mesma fé, ao mostrar que são as realizações e os produtos genuínos e necessários dela.

Ainda dentro desse enfoque, Matthew Henry continua:

> Paulo não somente fala de obras diferentes daquelas em que Tiago insiste, mas ele fala em um uso completamente diferente que era feito das boas obras daquele que aqui é instado e intencionado. Paulo estava lidando com aqueles que dependiam de suas obras aos olhos de Deus, e Ele poderia muito bem torná-los sem valor. Tiago estava tratando com aqueles que exaltavam a fé, mas não permitiam que as obras fossem usadas nem como evidência; eles dependiam de uma mera profissão de fé, como suficiente para justificá-los; e com esses ele bem teria de reforçar a necessidade e a grande importância das boas obras.[1]

Raabe

Raabe é trazida como um exemplo de fé na Carta de Tiago. Primeiro o apóstolo fala de Abraão, o pai da nação israelita, mas depois apresenta uma mulher igualmente de fé. A origem de ambos é diferente, mas a Bíblia apresenta no texto os atos de cada um relacionados com suas crenças.

Raabe era uma prostituta de Jericó. Ela ganhava a vida oferecendo seu corpo para saciar a lascívia dos homems. Ela não conhe-

---

1 HENRY, Matthew. *Comentário Bíblico do Novo Testamento. Atos a Apocalipse.* Rio de Janeiro: CPAD, 2012, p. 835

cia ao Senhor, mas depois que soube o que Deus fez com Israel, abrindo o rio Jordão na época da cheia, seu coração se encheu de temor e fé no Deus dos hebreus. Sua fé foi de tal forma impressionante que ela escondeu em sua casa os espiões que Josué mandou para verem a cidade, e além de os esconder, orientou que fossem por um caminho diferente do caminho de seus perseguidores.

Esse foi sem dúvida um ato de fé. Ela colocou sua própria vida em risco para proteger os espiões de Israel, mas por sua fé, por crer que Deus realmente iria destruir aquela cidade, ela não apenas protegeu os emissários de Josué, como também pediu por sua própria vida e pela vida de seus parentes.

> Que eu não imagine que minha posição de conforto, onde estou saciado de necessidades básicas, me foi dada por Deus por ser eu um filho mais digno que outros filhos. Os mais necessitados da congregação são tão ou mais dignos, pois a estes, Deus deseja abençoar usando a minha vida como um canal.

Aqui cabe uma observação. Dentro dessa mesma narrativa associada à queda de Jericó, em que uma mulher ímpia aprendeu a ter fé em Deus, vemos o caso de Acã, um homem do povo de Deus que não pensou duas vezes para roubar aquilo que Deus disse que não deveria servir de despojo de guerra.

É uma conclusão triste, mas real. É possível encontrar em nossos templos pessoas que congregam conosco mas que perderam o temor ao que Deus ordena, mas também podemos encontrar fora da igreja pessoas que terão mais fé naquilo que Deus falou.

Tiago usa as figuras de Abraão e de Raabe como exemplo de que não basta apenas ter uma fé, e sim que é preciso colocá-la em prática. Fé não pode ser um conceito doutrinário pronto apenas para ser apresentado e ensinado, mas acima de tudo, vivido. E essa fé pode ser manifesta de diversas formas. Abraão tinha uma promessa de Deus para sua vida, a de que seria pai de uma grande multidão de pessoas. Raabe não tinha nenhuma promessa, mas confiou em Deus mesmo assim, com base no que ela ouviu sobre o que o Eterno tinha feito, e foi salva junto com sua família.

III. A METÁFORA DO CORPO SEM O ESPÍRITO PARA EXEMPLIFICAR A FÉ SEM OBRAS (Tg 2.26)

O Corpo sem o espírito

Um dos pressupostos do cristianismo é que a vida é um dom de Deus, e esse presente é fruto da junção da parte material do ser humano (o corpo) e a parte imaterial (alma e espírito). Isso significa que se alguma dessas duas partes se separar, a vida se extingue. A morte separa essas partes. Nesses casos, não resta nada ao corpo a não ser sepultado, para que se decomponha.

Tiago apresenta esse recurso comparativo para mostrar o quanto uma fé sem prática é ineficaz. Um corpo sem espírito pode ser completo, mas está morto. Ele possui coração, pulmões, cérebro, membros, sistemas digestivo, nervoso, respiratório e circulatório, mas nada disso funciona porque nele não há vida. Uma vez morto, o corpo se degenera, exala mau cheiro e se torna repugnante para as pessoas. Para esse ser que antes estava vivo, nada mais resta senão ser sepultado, ou contaminará o ambiente dos que estão vivos.

Fé sem obras

A fé sem obras é igualmente passível de ser extinta, de ser apenas um movimento intelectual. Pode haver teologia, mas sem prática da fé cristã demonstrada nas obras, a teologia será apenas um pensamento distante, mesmo que ortodoxo.

Já vimos que Tiago e Paulo não se chocam quando tratam de fé e obras. Eles escrevem sobre o mesmo assunto de forma diferente para públicos e situações diferentes. "A justificação de que Paulo fala é diferente da tratada por Tiago; uma fala de nossa pessoa ser justificada diante de Deus, a outra fala da nossa fé ser justificada diante dos homens."[2]

O apelo de Tiago é para que os cristãos demonstrem suas obras como uma representação de sua fé. Trata-se de um desafio diário, não um momento estanque e único na vida de uma pessoa.

Timothy B. Cargal informa que há um jogo de palavras na sentença de Tiago: "A fé sem as obras (*ergon*) é morta (*arge*, isto é, *a + ergon*, sem efeito). Sabemos que uma pessoa recebe a salvação pela fé, mas deve demonstrar sua fé por meio das obras. A fé correta faz o crente agir de forma correta.

Assim completamos este estudo. A fé deve nos mover em prol de boas acões, não para ser salvos, mas para demonstrar que somos salvos, que nossa fé não é estática, e que Deus pode usar nossas ações para fazer apresentar a fé pura e imaculada.

Bibliografia utilizada neste capítulo

Manual da Bíblia de Aplicação Pessoal. CPAD

Vincent — Estudo no Vocabulário Grego do Novo Testamento. CPAD

Mathew Henry — Comentário Bíblico do Novo Testamento — Atos a Apocalipse. CPAD

Comentário Bíblico Beacon — Volume 10. CPAD

Comentário Bíblico pentecostal do Novo Testamento — Volume 2. CPAD

Comentário do Novo Testamento Aplicação Pessoal. CPAD

Teologia do Novo Testamento. Roy B Zuck. CPAD

Dicionário Vine. CPAD

2 HENRY, Matthew. *Comentário Bíblico do Novo Testamento. Atos a Apocalipse.* Rio de Janeiro: CPAD, 2012.

Dicionário Bíblico Wycliffe. CPAD.

O Novo Testamento Interpretado Versículo por Versículo. Russel Norman Champlin. Milenium.

Uma Introdução aos Escritos do Novo Testamento. Erick Mauerhofer, Editora Vida.

Estudos no Cristianismo não Paulino. F F Bruce. Shedd Publicações.

Homens com uma Mensagem. John Stott. Cultura Cristã

Introdução ao Novo Testamento. D. A. Carson, Douglas J. Moo e Leon Morris. Vida Nova.

O Novo Testamento, sua Origem e Análise. Merril C. Tenney. Vida Nova.

Panorama do Novo Testamento. Robert H. Gundry. Vida Nova.

8
Capítulo

O cuidado com a língua

Silas Daniel

Após estabelecer no capítulo 2, ao tratar sobre a relação entre fé e obras, as bases teológicas de suas recomendações éticas, Tiago passa agora, a partir do capítulo 3, para os assuntos de natureza mais prática, que faziam parte do dia a dia dos seus leitores. Como frisa o pastor e teólogo norte-americano Timothy B. Cargal, as mudanças de comportamento tratadas por Tiago a partir desse capítulo em diante "são urgentes, pois, em um futuro não muito distante (Tg 5.9), os crentes deverão ser julgados pelo único 'Legislador e Juiz' (Tg 4.12), e alguns serão julgados com maior severidade que outros (Tg 3.1)", de maneira que "a certeza desse iminente julgamento perante Deus traz consigo muitas responsabilidades não só para cada um deles como para com seus semelhantes".[1]

---

[1] ARRINGTON, French L.; STRONSTAD, Roger (editores), *Comentário Bíblico Pentecostal do Novo Testamento.* Rio de Janeiro: CPAD, 2004, p. 1677.

O objetivo de Tiago nessa segunda parte de sua epístola, permeada de exemplos práticos, é que seus leitores examinem a si mesmos para assegurarem que escaparão do julgamento vindouro. E para isso, o apóstolo, antes de adentrar o primeiro tema prático — sobre o poder da língua e os cuidados que o cristão deve ter com ela —, focaliza o primeiro obstáculo ao autoexame: a tendência, fruto da nossa natureza pecaminosa, de nos colocarmos sempre acima das outras pessoas.

Não somos superiores a nossos irmãos em Cristo e a humildade deve caracterizar os mestres na Igreja

O apóstolo Tiago abre o capítulo 3 alertando seus leitores para o perigo de alguns deles se acharem superiores aos demais devido à sua posição de mestres na Igreja. Tiago chega mesmo a dizer que seus leitores deveriam ter muito cuidado ao desejarem ser mestres: "Meus irmãos, muitos de vós não sejam mestres, sabendo que receberemos mais duro juízo" (v.1). Apesar de parecer aqui que Tiago está chegando ao ponto de desestimular os seus leitores a se tornarem mestres, como se ser mestre fosse algo mau, negativo, na verdade ele está, num recurso de retórica, apenas chamando a atenção de seus leitores para a imensa responsabilidade que há em ser um mestre na Igreja. Aliás, a Epístola de Tiago é um dos textos do Novo Testamento que mais usam o recurso da retórica na exposição de seus assuntos e argumentos.

O apóstolo Tiago abre o capítulo 3 alertando seus leitores para o perigo de alguns deles se acharem superiores aos demais devido à sua posição de mestres na Igreja.

Ao referir-se a "mestres", o apóstolo tem em mente exatamente todos aqueles crentes que exercem a atividade de ensino na Igreja. Trazendo para os dias de hoje, aqui estão incluídos os pastores, pregadores da Palavra de Deus, professores de Escola Dominical, obreiros em geral, dirigentes de igreja, missionários ou qualquer irmão em Cristo que exerça, reconhecidamente, um ministério de ensino entre o povo de Deus. Ora, uma vez que só pode dar quem tem para dar, isto é, só pode ensinar quem tem realmente recebido e aprendido o bastante para poder ensinar, e uma vez também que Jesus afirmou que "a quem muito foi dado, muito será exigido; e a quem muito foi confiado, muito mais será pedido" (Lc 12.48), é óbvio que ninguém tem uma responsabilidade maior do que aqueles que ensinam a Palavra de Deus. Trata-se de uma atividade extremamente honrosa e para a qual existe uma promessa extraordinária de Deus: "...os que a muitos ensinam a justiça refulgirão como as estrelas, sempre e eternamente" (Dn 12.3); entretanto, por outro lado, como toda bênção, toda dádiva, todo dom — e o ensinar é um dom (Rm 12.6,7; Ef 4.8,11,12) — traz consigo uma responsabilidade, e essa responsabilidade é ainda maior no caso do dom do ensino, então o juízo será mais severo para os mestres. É o que assevera Tiago, inclusive incluindo-se entre os mestres, entre aqueles que passarão por esse julgamento diante de Deus: "...receberemos mais duro juízo" (Tg 3.1).

Na sequência, Tiago ressalta que os mestres também são passíveis de erros. Ele se coloca, juntamente com todos os demais mestres, no mesmo nível de falibilidade dos demais irmãos que não são mestres. Ou seja, tanto o cristão que é um mestre na Igreja como aquele crente mais simples da congregação não são moralmente perfeitos — ambos precisam da graça de Deus: "Porque todos tropeçamos em muitas coisas..." (Tg 3.2). Como ressalta Cargal à luz dessa passagem, "os professores ou mestres não são possuidores de uma posição superior ou de uma perfeição moral dentro da Igreja, pois estes também tropeçam".[2]

Um detalhe importante ainda nessa passagem, como destaca também Cargal, é que ela deixa claro que "o ofício de ensinar era altamente considerado nos primórdios da Igreja, e a pretensão de

---

2 Ibidem, p. 1677.

'muitos' da congregação de se tornarem mestres, aos quais Tiago está se dirigindo", é uma das causas de sua "preocupação com a ambição pelo poder e pela posição (Tg 1.9,12; 2.1-4)".[3]

O poder da língua

Usando como gancho o fato de que mesmo os mestres são passíveis de erro, Tiago insere o tema da língua, ao falar do "tropeço na palavra", isto é, o tropeço na fala: "Se alguém não tropeça em palavra, o tal varão é perfeito e poderoso para também refrear todo o corpo" (Tg 3.2b).

Para realçar diante de seus leitores o poder da língua, o apóstolo usa duas metáforas: a do freio na boca dos cavalos e a do leme do navio (Tg 3.3,4). As duas ilustrações evidenciam como esses dois objetos menores, essas pequenas partes de um todo, têm o poder de influenciar completamente o todo, de direcionar e dirigir todo o conjunto — o freio dirige as ações dos cavalos e o leme conduz o imenso navio na direção que o capitão deseja. Apesar de alguns comentaristas verem nessas metáforas ilustrações para o importante papel de influência que os mestres teriam na igreja, entendendo que Tiago se refere aqui à "língua" dos mestres como controlando todo o "corpo" da Igreja, na verdade uma leitura atenta dessa passagem mostra que o assunto aqui já é outro. Os mestres já não estão no foco. O fato de também tropeçarem na fala como qualquer outra pessoa (Tg 3.2b) é que foi usado como gancho para o assunto "língua" — ou poder da língua. Ou seja, Tiago já não está se dirigindo à questão dos mestres, mas a um problema que todos os crentes enfrentam individualmente: a necessidade de controlarem suas línguas, de serem bons mordomos do que falam.

O apóstolo lembra que a língua "é um fogo". A forte imagem que ele apresenta nos versículos 5 e 6, ao comparar a língua como um pequeno fogo que incendeia um bosque, objetiva justamente

---

[3] Ibidem, p. 1677.

enfatizar os resultados trágicos de uma língua fora de controle. Ela é extremamente destrutiva, destruidora. Nesse caso, é uma língua que não tem freio, que não é controlada pela pessoa. Nessas condições, ela passa a ser um instrumento do "inferno" (v. 6).

A língua só pode ser domada pela ação do Espírito Santo no coração

O apóstolo Tiago afirma que embora os animais mais bravos possam ser amansados pelo homem, a sua própria língua não pode ser domada por ele (Tg 3.7,8). Ele assevera claramente que a língua "é um mal que não se pode refrear, está cheia de peçonha mortal" (Tg 3.8b). Ou seja, não adianta tentarmos, por nossas próprias forças, domarmos a nossa língua. Então, como fazê-lo? A Palavra de Deus é clara: somente pela ação do Espírito Santo.

Tiago está falando aqui da língua como um fogo que tem o poder de colocar em chamas, no sentido de destruição, todo o curso da existência de uma pessoa — "...inflama o curso da natureza..." (Tg 3.6b) —, porém a Bíblia fala de um fogo santo, advindo do Espírito Santo, que incendeia positivamente nossa fala (Lc 3.16; At 2.2,3; 1 Ts 5.19), purificando-a, santificando-a, restaurando-a e tornando-a canal de bênção. Aliás, o próprio Tiago afirma que da língua pode proceder tanto a bênção quanto a maldição (no sentido de falar o bem e bendizer, e de falar o mal e maldizer), e adverte seus leitores a não viverem nessa inconstância, mas a terem suas línguas apenas como canais de bênção (Tg 3.9,10). Ora, somente o Espírito Santo pode fazer isso, porque Ele vai até o centro do problema: o coração humano.

O apóstolo Tiago afirma que embora os animais mais bravos possam ser amansados pelo homem, a sua própria língua não pode ser domada por ele (Tg 3.7,8).

Lembremos que "língua" é uma expressão que se refere à linguagem, à fala, uma vez que a língua é apenas um veículo que expressa uma realidade interior, uma realidade que se encontra na mente, no coração do ser humano. O que determina se a língua será canal do mal ou do bem é o estado do coração da pessoa. Disse Jesus: "Do que há em abundância no coração, disso fala a boca" (Mt 12.34). Logo, o que Tiago está dizendo aqui é que tudo é uma questão de ter a nossa vontade, o nosso coração, controlados por Deus. Se é a vontade que põe freio na língua, e nossa vontade é continuamente má por causa do pecado, não poderemos frear a língua, a não ser que Deus reine em nossa coração, a não ser que permitamos que o Espírito Santo nos guie, reine sobre nossa vontade, nos governe (Rm 8.5-11). Isso ocorre quando buscamos a presença de Deus e somos, assim, cheios do Espírito; então, o fruto do Espírito em nós gerado produz temperança, autocontrole (Ef 5.18-21; Gl 5.16,22), e domamos nossa língua.

Ora bendizendo, ora amaldiçoando — uma contradição moral e desnatural

Outro detalhe é que quando Tiago fala que com a língua "bendizemos a Deus" (v.9), provavelmente ele tinha em mente também o fato de que os cristãos de sua época cultivavam o costume dos judeus daqueles dias — igualmente comum entre alguns judeus ortodoxos de hoje — de sempre acrescentar a expressão "Bendito seja Ele!" ao final de toda menção que faziam ao nome de Deus em uma fala. Ora, como os crentes da Igreja Primitiva nessa época eram todos judeus, e estes eram o público alvo da Epístola de Tiago, "essa era uma expressão apropriada de reverência para cada cristão primitivo".[4]

---

[4] *Comentário Bíblico Beacon — Hebreus a Apocalipse*, vários autores, Rio de Janeiro: CPAD, 2014, p. 176.

Como salienta A. F. Harper, a contradição moral de muitos dos cristãos judeus dos dias de Tiago em relação à língua consistia no fato de que, "esquecendo o segundo grande mandamento de nosso Senhor (Mt 22.36-29), e provocados pela ira, eles estavam amaldiçoando os seus irmãos, que foram feitos à imagem e semelhança de Deus, isto é, feitos à imagem de Deus (cf. Gn 1.26,27). O Novo Testamento ensina que mesmo uma maldição murmurada ou qualquer disposição irada contra o próximo é uma contradição à nossa fé cristã (cf. Mt 5.22). Não convém que isso se faça assim (Tg 3.10) entre os cristãos, porque essas atitudes e atos são contrários a Deus".[5] E Harper continua, explorando o significado das ilustrações que Tiago usa para realçar essa contradição moral na língua, e que ressaltam que essa contradição moral é, na verdade, sobretudo e intrinsecamente, uma contradição desnatural:

> "Essa contradição na conduta é tão desnatural quanto imoral. A palavra 'Porventura' (v.11 — *meti*) espera um claro 'Não' como resposta. O sentido é: 'Você certamente não espera isso, espera?'. Ninguém que visita fontes salgadas, como podem ser encontradas próximo ao Mar Morto, esperaria encontrar água salgada e água doce saindo da mesma fonte. E se isso ocorresse, a água salgada estragaria a doce; a má estragaria a boa. O pomar e a vinha ensinam a mesma verdade. 'Conhece-se o fruto pela árvore'. Jesus lembrou aos seus ouvintes que não se colhem 'uvas dos espinheiros ou figos dos abrolhos' (Mt 7.16). Tiago faz eco a essa verdade quando pergunta: 'Pode também a figueira produzir azeitonas ou a videira, figos?' (Tg 3.12)".[6]

Ou seja, a língua indomada, inconstante e dobre é uma contradição moral e desnatural. Pense nisso: todas as vezes que você permite que sua velha natureza, isto é, sua natureza pecaminosa, domine por alguns momentos a sua língua, então

---

5 Ibidem, p. 176.

6 Ibidem, p. 176.

você está cometendo um ato contra Deus, mas também contra a nova condição que você ganhou em Cristo, contra a nova natureza que foi gerada em você pelo Espírito Santo através da exposição da Palavra de Deus (Tg 1.18). Se você é uma nova pessoa em Cristo, então o que você fala deve estar em sintonia com sua nova maneira de viver, com sua nova natureza em Cristo. Afinal, "se alguém entre vós cuida ser religioso e não refreia a sua língua, antes engana o seu coração, a religião desse é vã" (Tg 1.26).

Pronto para ouvir e tardio para falar

Para que saiamos da inconstância, para que não sejamos alternadamente fontes do bendizer e do maldizer, fontes de água doce e de águas amargas, produtores ora de bons frutos, ora de maus frutos pela nossa fala (Tg 3.11,12), devemos permitir que o Santo Espírito de Deus reine em nossos corações. Dessa forma, e tão somente dessa forma, conseguiremos cumprir a bela, sábia e perfeita recomendação do apóstolo Tiago sobre a fala, pronunciada ainda no início de sua epístola: "Mas todo homem seja pronto para ouvir, tardio para falar, tardio para se irar" (Tg 1.19).

Na vida cristã, não deve haver tagarelice e falas impensadas. O cristão deve saber ouvir, ele deve estar sempre pronto para ouvir as pessoas. Além disso, o cristão também não deve ser "pavio curto", irritadiço, impaciente, intemperante. Ele deve ser longânimo, uma qualidade do fruto do Espírito em sua vida (Gl 5.22). Ademais, diz ainda a Palavra de Deus: "Iraivos e não pequeis; não se ponha o sol sobre a vossa ira" (Ef 4.26). Ou seja, devemos evitar o máximo possível a irritação e, quando ela chegar, ela deve passar rápido. "Não se ponha o sol sobre a vossa ira" significa que, no mesmo dia, essa irritação deve passar.

Tudo isso só é possível, repito, na vida daquele que foi gerado pela Palavra da Verdade (Tg 1.18), isto é, na vida daquele que teve gerada em si uma nova natureza em Cristo e que busca todos os dias fortalecer-se em Deus, alimentar sua nova natureza, enchendo-se do Espírito Santo.

Bibliografia utilizada neste capítulo

ARRINGTON, French L.; STRONSTAD, Roger (editores), *Comentário Bíblico Pentecostal do Novo Testamento*. Rio de Janeiro: CPAD, 2004.

Comentário Bíblico Beacon — Hebreus a Apocalipse, vários autores. Rio de Janeiro: CPAD, 2014.

[illegible]

[illegible] (PUC-SP) [illegible]

[illegible]

Capítulo 9

A verdadeira sabedoria se manifesta na prática

Alexandre Coelho

Tiago aborda em sua carta diversos assuntos, e entre eles, a sabedoria tem um espaço de destaque. Desta vez, o apóstolo qualifica as características da sabedoria, além da maneira como devemos demonstrá-la.

I. A CONDUTA DEMONSTRA QUE TIPO DE SABEDORIA TEMOS

A sabedoria não se mostra apenas com discursos

Um cristão desejoso de crescer na vida cristã certamente privilegia a palavra falada e escrita. Lemos a Bíblia e ouvimos as pregações em nossas igrejas, e cremos que os discursos são elementos de comunicação que atingem sua finalidade: convencer pessoas e motivá-las a que tenham atitudes que agradem a Deus.

Entretanto, devemos nos lembrar de que a sabedoria não é demonstrada apenas em nossos discursos, mas também em nossas atitudes. Palavras, como diz a sabedoria popular, o vento leva. Entretanto, atitudes falam mais alto do que nossas próprias palavras, e ficam marcadas em nossas vidas.

A Carta de Tiago é um conjunto de sermões que tratam de modo muito prático a forma como um servo de Deus deve viver, e isso inclui agir com sabedoria em todos os momentos. Na vida cristã não vale a máxima *Faça o que eu digo mas não faça o que eu faço.* Na visão do apóstolo, mais que palavras sendo apresentadas de forma correta e com sentido, valem as atitudes corretas. Essas sim, tem mais sentido do que palavras vazias e sem exemplo de vida.

Discursos, por mais elaborados que sejam, tornam-se inócuos se desprovidos de atitudes que os espelhem. Se uma organização anuncia como parte de seus valores o respeito por seus clientes, e na prática trata de forma desleixada essas mesmas pessoas, cairá no descrédito e ainda poderá ter dificuldades judiciais por danos causados, gerando um comprometimento sério à sua imagem. Da mesma forma ocorre com um discurso cristão que acaba sendo visto como vazio por estar distante da prática. Deus espera ver em nós atitudes condizentes com o que ensinamos e pregamos, para que a mensagem do evangelho seja não apenas um conjunto de palavras bem apresentadas, mas acima de tudo, o poder de Deus manifesto em nossas vidas, moldando-nos de acordo com a sua vontade e mostrando ao mundo a diferença que Deus faz.

> Tida como um dos sete pecados capitais, a inveja é caracterizada pelo desgosto que uma pessoa tem em relação a outra pessoa e contra o que essa outra pessoa possui.

Inveja e Facção

Inveja e facção são dois sentimentos que andam muito próximos de nós. Tida como um dos sete pecados capitais, a inveja é caracterizada pelo desgosto que uma pessoa tem em relação a outra pessoa e contra o que essa outra pessoa possui. Diferente da arrogância, que faz com que o arrogante veja outras pessoas como se ele estivesse em uma posição superior, o invejoso vê a si próprio como uma pessoa que está em posição inferior. Ele imagina que a pessoa alvo de seu sentimento não é digna de ter o que tem, e se imagina como merecedora daqueles talentos, dons ou bens que a pessoa tem.

A facção é o desejo de divisão. É aquele sentimento que não se contenta em presenciar a unidade de um grupo. Pessoas unidas tendem a ser mais exitosas em seus intentos, mas grupos divididos não costumam ter força suficiente para alcançar desafios. Por isso o sentimento faccioso é tão importante para Satanás. Ele sabe que quando há unidade na igreja local, as pessoas oram mais umas pelas outras, são mais misericordiosas, ajudam-se e buscam sempre a solução de possíveis conflitos, de forma que a igreja fica fortalecida. Mas se uma igreja é dominada pelo espírito faccioso, não poderá crescer, mesmo que seja rica em dons e manifestações espirituais.

II. O MAL PREVALECE ONDE HÁ INVEJA E SENTIMENTO FACCIOSO

A maldade do coração humano

Uma das questões mais difíceis com que temos de lidar é a capacidade de o coração humano ser mal. Há muitos gestos de bondade, generosidade e altruísmo ao longo da história em todas as culturas, mas há muito mais registros da capacidade má do homem agindo tanto em grupo quanto individualmente.

A maldade humana se desenvolve na mais tenra idade, e não são poucos os atos maldosos cometidos por crianças e adolescentes. Gênesis 8.21 fala: "E o SENHOR cheirou o suave cheiro e disse o SENHOR em seu coração: Não tornarei mais a amaldiçoar a terra por causa do homem, porque a imaginação do coração do homem é má desde a sua meninice; nem tornarei mais a ferir todo vivente, como fiz". É importante que saibamos desse detalhe para que invistamos na apresentação do evangelho também para as crianças, a fim de que ainda pequenas tenham a oportunidade de conhecer a Jesus Cristo e receberem a salvação.

A maldade do coração humano é vista não apenas entre as pessoas que não conheciam ao Senhor, mas igualmente entre o povo de Israel. Jeremias, usado por Deus, reclamou com os habitantes de Jerusalém sobre suas atitudes: "Lava o teu coração da malícia, ó Jerusalém, para que sejas salva; até quando permanecerão no meio de ti os teus maus pensamentos?" (Jr 4.14). Até entre o povo de Deus houve manifestação de maldades e de pensamentos ruins. Jeremias ainda reitera a capacidade má que o coração humano possui: "Enganoso é o coração, mais do que todas as coisas, e perverso; quem o conhecerá?" (Jr 17.9). Mas o mesmo Jeremias, depois de advertir da existência da perversidade do coração humano, declara também o resultado dela: "Eu, o SENHOR, esquadrinho o coração, eu provo os pensamentos; e isso para dar a cada um segundo os seus caminhos e segundo o fruto das suas ações" (Jr 17.10).

Inveja e facção geram desordem

Já identificamos a inveja e a facção como dois sentimentos ruins. Então pensemos no mal que essas duas podem fazer em nossas vidas e até na igreja.

A igreja de Corinto é um exemplo clássico de comunidade que foi atingida pela desordem, fruto de facções. Nessa igreja, conforme vemos no texto sagrado, encontravam-se cristãos que haviam recebido dons espirituais. Infelizmente, há cristãos que rotulam a igreja de Corinto como uma igreja pentecostal: cheia de dons espirituais e problemática, como se ser pentecostal e crer na contemporaneidade dos dons fosse uma porta de entrada para uma bagunça generalizada. Na verdade, não eram os dons que traziam problemas para a igreja de Corinto, pois eles foram dados por Deus. O problema no caso era o espírito faccioso que havia naquela congregação.

Os dons de Deus não trazem confusão, e ainda que algumas reações humanas aos dons espirituais possam ser novidade e até questionáveis, elas não esvaziam a intenção de Deus: edificar o corpo de Cristo e promover o crescimento dos crentes. Corinto não tinha uma igreja com graves problemas por causa dos dons espirituais, mas porque aqueles crentes viviam em uma cultura que ia na mão oposta à lei de Deus, e esses mesmos crentes precisavam aprender que era necessário melhorar em muitos aspectos. A igreja, por desconhecer a forma correta de utilização dos dons, passou por diversos problemas, até que fosse orientada pelo apóstolo Paulo não apenas em relação ao uso correto dos dons, mas igualmente quanto à prática da comunhão.

Mas voltemos ao centro do assunto: o problema não estava nos dons espirituais, pois eles foram dados por Deus para a edificação da igreja. O problema estava no partidarismo daquela congregação. Aqueles crentes eram muito divididos. Uns eram de Paulo, outros de Apolo, outros de Pedro e outros, de Jesus. Como pode uma igreja ser sadia se seus membros competem entre si, e trabalham em prol de grupos internos? O problema não eram os dons espirituais, e sim a desunião do grupo.

E o que dizer da inveja? De acordo com Tiago, ela colabora com a perturbação e toda obra perversa. Pessoas dominadas pela inveja não conseguem contribuir nem com sua própria vida nem com as pessoas que a cercam. A inveja faz a pessoa perder o foco em si mesma e em Deus, além de fazer com que ela se concentre em outras pessoas, como se elas tivessem tudo e o invejoso, nada. Os talentos e bens dos outros são o alvo dos invejosos, que buscam ter justamente aquilo que outras pessoas têm. Não raro, pessoas dominadas pela inveja não desejam apenas ter o que o outro tem, mas se possível, desejam ver aquela pessoa sem aquilo que tem.

Quer dizer, não basta para o invejoso ter alguma coisa; ele precisa ver o outro sem nada. Isso mostra que a inveja é um dos sentimentos mais negativos do ser humano. Se o orgulho faz com que as pessoas olhem os outros como se eles estivessem abaixo, a inveja faz com que o invejoso esteja numa posição acima. O invejoso deseja tudo o que o seu alvo tem, desde a aparência, relacionamentos, estudos, bens, sucesso.

Inveja não é olhar para as pessoas como uma fonte de inspiração com o objetivo de ser como elas. Inveja é desejar ter o que o outro tem, mas desejar também que o outro não tenha nada. Pessoas invejosas não conseguem ser agradecidas, pois estão em busca do que ainda não possuem e não conseguem agradecer a Deus por aquilo que já conquistaram e receberam. Elas só enxergam o que ainda lhes falta.

Não há possibilidade de crescimento espiritual para pessoas cheias de inveja e facciosas, a menos que elas renunciem esses sentimentos e sejam cheias do Espírito Santo, a fim de que sejam controladas por Ele.

Obras perversas

Tiago trata em sua Carta sobre boas obras, mas ele também fala sobre obras perversas. Enquanto as boas obras são um fruto da sabedoria divina e demonstração da nossa fé em Cristo, as obras perversas são uma extensão da malignidade humana. Tiago recomenda que se esses sentimentos já estão no coração do leitor ou ouvinte da carta, que ele não se glorie nem se dê à mentira. Pode haver pessoas que se consideram corretas com essas coisas, mas aos olhos de Deus, precisam agir de forma a renunciar tudo isso e abandonar tais práticas, e não ocultá-las.

III. AS QUALIDADES DA VERDADEIRA SABEDORIA

A sabedoria tem características específicas, e pela forma como estão descritas, entendemos que são demonstradas na prática do dia a dia. Lembremo-nos de que Deus é a fonte dessa sabedoria, e, portanto, suas características estão estampadas na Palavra de Deus.

Ela é moderada. Moderação é sinônimo de equilíbrio. Nesse sentido, nossas atitudes precisam ser da mesma forma conduzidas pela imparcialidade e capacidade de manter-nos isentos. Deus não é parcial, e espera que sua sabedoria manifesta em nós siga esse mesmo modelo. Isso requer um grande trabalho de nossa parte, pois nossa tendência sempre é pender para algum "lado da balança" na tomada de decisões ou ações. Ser imparcial, ser moderado, é, sem dúvida, sinônimo de racionalidade.

Ela é cheia de misericórdia. O homem sábio tende a ser misericordioso. Ele sabe que Deus é misericordioso com nossas falhas e está pronto a oferecer seu perdão, Deus nos mostra a importância da misericórdia em diversas passagens bíblicas. Por ocasião do pecado do rei Davi, este "reconheceu que se Deus o tratasse apenas com justiça, e não com misericórdia, ele seria destruído pela ira de Deus. Frequentemente queremos que Deus nos mostre sua misericórdia e, às outras pessoas, justiça. Na sua bondade, Deus nos perdoa, em vez de nos dar o que merecemos"[1]. Deus é misericordioso, e espera que aqueles que receberam sua sabedoria sejam misericordiosos também.

> Na verdade, não eram os dons que traziam problemas para a igreja de Corinto, pois eles foram dados por Deus. O problema no caso era o espírito faccioso que havia naquela congregação.

Ela é cheia de bons frutos. A sabedoria é vista não apenas em uma única característica, mas em várias. Os frutos são o produto final de uma semente que foi plantada, germinou e

[1] *Manual da Bíblia de Aplicação Pessoal.* Rio de Janeiro: CPAD, p. 540

cresceu, e que depois se multiplicou em várias outras sementes. Os frutos não aparecem de um dia para o outro; precisam de tempo para crescer, e quando amadurecidos, podem dar continuidade à vida.

Ela é sem parcialidade. De acordo com o grande pregador clássico Matthew Henry, "A palavra original, adiakritos, significa sem suspeição, ou livre de julgamento, não fazendo conjecturas ou diferenças indevidas na nossa conduta maiores a uma pessoa do que a outra."[2] A pessoa parcial é aquela que trata ou julga outras pessoas com definições pré-constituídas, ou seja, não vai se deixar ser conduzida pelo bom senso. A parcialidade mostra que somos capazes de julgar e agir de acordo com nossas preferências, e não de acordo com os fatos.

Ela é sem hipocrisia. A falsidade ou o fingimento não acham lugar dentro do coração da pessoa sábia, pois tal pessoa sabe que a hipocrisia pode atrapalhar nosso relacionamento com Deus e com o próximo. Jesus foi tão enfático em seus ensinamentos no tocante à falsidade que recomendou que quando seus seguidores trouxessem suas ofertas ao altar e se lembrassem de que tinham desavenças com outro irmão, que deixassem sua oferta diante do altar, voltassem e se reconciliassem com seus desafetos, para depois, sim, apresentar ao altar a oferta. Já foi dito que a hipocrisia é a arte de exigir dos outros aquilo que não praticamos. Ela é tão danosa que pode nos levar a ofertar pelos motivos errados, apenas para demonstrar o quanto estamos aparentemente bem com Deus.

Jesus encarou em seu ministério terreno pessoas que se diziam religiosas, mas que em suas práticas demonstravam sua hipocrisia.

> Jesus expôs repetidas vezes as atitudes hipócritas dos que conheciam as Escrituras mas não obedeciam a elas. Não se importavam em ser santos, mas apenas em parecer santos, para receber

---

2 HENRY, Matthew. *Comentário Bíblico Matthew Henry — Atos a Apocalipse*. Rio de Janeiro: CPAD, 2008, p. 841

a admiração e o louvor do povo. Hoje, como os fariseus, muitas pessoas que conhecem a Bíblia não permitem que ela modifique suas vidas.[3]

Esse é o padrão de Deus na demonstração de sua sabedoria. Que assim possamos ser, para realmente fazer um diferencial no Reino de Deus neste mundo.

Bibliografia utilizada neste capítulo

Manual da Bíblia de Aplicação Pessoal. CPAD

Vincent — Estudo no Vocabulário Grego do Novo Testamento. CPAD

Mathew Henry — Comentário Bíblico do Novo Testamento. Atos a Apocalipse. CPAD

Comentário Bíblico Beacon — Volume 10. CPAD

Comentário Bíblico pentecostal do Novo Testamento — Volume 2. CPAD

Comentário do Novo Testamento Aplicação Pessoal. CPAD

Teologia do Novo Testamento. Roy B Zuck. CPAD

Dicionário Vine. CPAD

Dicionário Bíblico Wycliffe. CPAD.

O Novo Testamento Interpretado Versículo por Versículo. Russel Norman Champlin. Milenium.

Uma Introdução aos Escritos do Novo Testamento. Erick Mauerhofer, Editora Vida.

---

3 *Manual da Bíblia de Aplicação Pessoal.* Rio de Janeiro: CPAD, p. 399

Estudos no Cristianismo não Paulino. F F Bruce. Shedd Publicações.

Homens com uma Mensagem. John Stott. Cultura Cristã

Introdução ao Novo Testamento. D. A. Carson, Douglas J. Moo e Leon Morris. Vida Nova.

O Novo Testamento, sua Origem e Análise. Merril C. Tenney. Vida Nova.

Panorama do Novo Testamento. Robert H. Gundry. Vida Nova.

10
Capítulo

O perigo da busca pela autorrealização humana

Silas Daniel

Ao falar, no final do capítulo 3, sobre a sabedoria que vem do Alto, o apóstolo contrasta-a com a falsa sabedoria, a sabedoria terrena, que se baseia na "amarga inveja" e no "sentimento faccioso" (Tg 3.14,16). Prosseguindo, então, nesse raciocínio, Tiago começa o capítulo 4 falando sobre a origem das disputas e dos conflitos entre as pessoas, e dos males do orgulho humano. E o apóstolo já vai direto ao assunto no primeiro verso do capítulo, ao encetá-lo com a pergunta: "Donde vêm as guerras e pelejas entre vós?" (v.1a).

Ora, não poucas vezes, somos tentados a culpar as pessoas ou a situação à nossa volta pelos conflitos, mas Tiago é claro quanto à real origem das disputas e conflitos: ele afirma que tudo começa dentro de nós (v.1b). Sendo assim, urge atentarmos para a repreensão do apóstolo, até porque ela nos apresenta alguns passos que devemos tomar para evitar que nos tornemos fontes de conflitos, como veremos a seguir.

Em primeiro lugar, sempre analise as suas reais motivações

A primeira reflexão para a qual a repreensão de Tiago nos leva diz respeito à necessidade de analisarmos as nossas reais motivações. O versículo 3 é enfático quanto a esse ponto. Ali, Tiago afirma que, em vez de forçarmos para conseguir as coisas que desejamos, devemos pedi-las confiantemente a Deus (v.2b); só que, em seguida, ele acrescenta que nem adianta pedirmos a Deus o que desejamos quando o que pedimos a Ele é com base em péssimas motivações: "Pedis e não recebeis, porque pedis mal, para o gastardes em vossos deleites" (v.3). Ou na versão da Nova Tradução na Linguagem de Hoje (NTLH): "E, quando pedem, não recebem porque *os seus motivos são maus*. Vocês pedem coisas *a fim de usá-las para os seus próprios prazeres*" (Tg 4.2,3 — grifos meus).

A repreensão de Tiago nos aponta para a necessidade de não apenas refletirmos sobre nossas motivações, mas também sobre os meios que utilizamos para chegar aos fins que almejamos.

Ou seja, o que o apóstolo Tiago está afirmando aqui é que o verdadeiro cristão não é fonte de conflitos porque ele harmoniza os seus desejos com a santidade de Deus; ele harmoniza as suas motivações com o que é santo. Em outras palavras, não basta que nossos alvos sejam bons; nossas motivações também têm que ser boas. Elas devem refletir a nossa comunhão com Deus, que é santo.

O apóstolo Paulo, escrevendo em sua Primeira Epístola aos Coríntios sobre o uso correto dos dons espirituais, trata do tema do amor e, quando o faz, apresenta o amor como aquilo que caracteriza uma motivação santa. Isto é, nenhuma motivação é correta se não se baseia no amor cristão (1 Co 13.1-7).

Outro parâmetro para avaliação das nossas motivações, além do amor e da santidade, é a busca da glória de Deus. A Bíblia diz que, em tudo o que fazemos, devemos buscar a glória de Deus acima de tudo (1 Co 10.31).

Em segundo lugar, considere os meios utilizados

Em segundo lugar, a repreensão de Tiago nos aponta para a necessidade de não apenas refletirmos sobre nossas motivações, mas também sobre os meios que utilizamos para chegar aos fins que almejamos. Ou seja, não basta também que os alvos que desejamos alcançar sejam corretos, e nem que as motivações que nos levam a buscá-los também sejam corretas; é preciso ainda atentar para que os meios usados para atingir esses alvos sejam igualmente corretos.

Não há problema em desejarmos realizar coisas ou mesmo buscarmos uma realização pessoal, contanto que o tipo de realização que procuramos não seja pecaminosa em si mesma e que também as nossas motivações e os meios pelos quais objetivamos alcançar essas realizações também não sejam pecaminosos, mas completamente sadios.

Um fato impactante sobre esse ponto na Epístola de Tiago é que a repreensão do apóstolo chama a atenção para métodos extremamente terríveis que estavam sendo usados em sua época. Essa constatação fica bem clara quando acompanhamos o raciocínio que ele desenvolve no versículo 2 como aparece em algumas outras versões em português, que procuram ser ainda mais precisas na tradução do texto original grego. Vejamos, por exemplo, o versículo 2 na NTLH: "Vocês querem muitas coisas; mas, como não podem tê-las, *estão prontos até para matar a fim de consegui-las*. Vocês as desejam ardentemente; mas, *como não conseguem possuí-las, brigam e lutam*" (Tg 4.2 — grifos meus). O *Comentário Bíblico Pentecostal do Novo Testamento* traz ainda a seguinte tradução especial para a referida passagem: "Você deseja, mas não tem; então você mata. Você tem inveja, mas é incapaz de conseguir, então você guerreia e peleja".[1]

Como vemos, o texto bíblico no original dá a ideia de pessoas que estão tão cegas pelos seus desejos que já se encontram totalmente fora de controle, ao ponto de haver entre elas gente que estava disposta até a matar para conseguir o que desejava! Essa é uma interpretaçãomais correta, que mostra de forma chocante até que ponto pode chegar uma pessoa possuída e dominada por um desejo.

Há, porém, uma outra interpretação dada a essa passagem, como lembra o *Comentário Bíblico Pentecostal*: "Existe entre os comentaristas uma acentuada tendência para interpretar a exortação de Tiago 'combateis e guerreais' (Tg 4.2) como uma simples figura de retórica e não uma verdadeira acusação de assassinato. De acordo com esses estudiosos, Tiago está acompanhando a precedência de Jesus quando se referiu ao ódio como assassinato (Mt 5.21,22)".[2] Entretanto, como sublinha a referida obra, parece muito mais provável que Tiago está aqui aludindo à "omissão de cuidar 'dos órfãos e das viúvas' (Tg 1.27), assim como de outros membros indigentes da comunidade (Tg 2.15,16)", como a causa "de mortes desnecessárias". Logo, "o desejo pecaminoso de 'gastar em vossos deleites' (Tg 4.3)" é também "uma espécie de assassinato".[3]

Ademais, devemos nos perguntar se nossa interpretação pró-retórica e pró-espiritualização dessa ideia de morte nesta passagem bíblica, não se dá porque nos choca imaginar que alguns ditos cristãos dos dias de Tiago estavam levando irmãos em Cristo mais necessitados — e pobres de forma geral — à morte devido

---

1 ARRINGTON, French L.; STRONSTAD, Roger (editores), *Comentário Bíblico Pentecostal do Novo Testamento.* Rio de Janeiro: CPAD, 2004, pp. 1680 e 1681.

2 Ibidem, p. 1681.

3 Ibidem, p. 1681.

a seus interesses egoístas, que lhes fazia omitirem-se de ajudar essas pessoas. Ao lutarem apenas pelos seus próprios deleites, estavam, na prática, mesmo que indiretamente, combatendo e guerreando contra seus irmãos necessitados, levando-os, dessa forma, à morte.

Resistindo à cultura humana pecaminosa

A partir do versículo 4, Tiago entrelaça a busca pecaminosa com o sistema que domina a maior parte da humanidade, e que é chamado na Bíblia de "mundo". O apóstolo chama de "adúlteros e adúlteras" todos os crentes que, em vez de se afastarem da cultura humana pecaminosa, em vez de se distanciarem do sistema pecaminoso fomentado pelo Diabo, se unem a ele. Ou seja, o relacionamento do cristão com esse sistema é traição a Deus, é traição ao nosso relacionamento e compromisso com Ele, é adultério espiritual.

O meio-irmão de Jesus é enfático: "A amizade do mundo é inimizade contra Deus" e "Qualquer que quiser ser amigo do mundo constitui-se inimigo de Deus" (Tg 4.4). Esse ensino é frisado também pelos apóstolos Paulo e João em 2 Coríntios 6.14-18 e 1 João 2.15-17.

Nessa passagem, um aspecto muito importante ressaltado por Tiago sobre o nosso relacionamento com Deus é que o "Espírito, que em nós habita, tem ciúmes" (v.5). A construção do versículo 5 no original grego não é muito clara, podendo esse texto significar que o espírito humano tem a tendência natural "de opor-se a Deus e ao próximo",[4] o que estaria implícito na expressão traduzida como "ciúmes"; ou então que o Espírito Santo tem ciúmes de nós, isto é, zelo intenso por nós. A maioria esmagadora dos comentaristas bíblicos, à luz do que afirmam o final do versículo 4 e o início do versículo 6, prefere a segunda interpretação para o versículo 5, que é também a interpretação aceita por mim: Tiago quer dizer aqui que

---

[4] *Bíblia de Estudo Pentecostal*. Rio de Janeiro: CPAD, 1995, p. 1931.

o Espírito Santo de Deus tem ciúmes de nós. O Consolador, aquEle que intercede por nós e em nós com gemidos inexprimíveis (Rm 8.26,27) e se entristece frente aos nossos pecados (Ef 4.30), o nosso Ajudador, que nos guia na caminhada espiritual e no relacionamento com o Pai celestial através de Cristo (Rm 8.5-11), tem um forte, intenso e amoroso zelo por nós.

Sim, Deus tem ciúmes dos seus filhos!

Parece estranha a ideia de que Deus tem ciúmes, mas é exatamente disso que Tiago está falando no versículo 5. E a expressão "...diz a Escritura..." não quer dizer que as palavras que vêm a seguir — "O Espírito que em nós habita tem ciúmes" — se trata de uma citação fiel, ao pé da letra, de algum texto do Antigo Testamento. O que Tiago diz é que essa é uma das mensagens das Sagradas Escrituras no Antigo Testamento: o Espírito do Senhor tem ciúmes de seus filhos.

Há inúmeras passagens do Antigo Testamento que revelam isso, especialmente aquelas que dizem respeito ao relacionamento entre Deus e o povo de Israel. Em seu clássico *O Conhecimento de Deus*, o teólogo britânico James I. Packer dedica um capítulo inteiro para relembrar algumas dessas fortes passagens do texto sagrado com o objetivo de refletir sobre esse aspecto divino pouco abordado hoje em dia — o ciúme de Deus. Escreve Packer:

> "Quando Deus tirou Israel do Egito, levando o povo para o Sinai e dando-lhes sua lei e aliança, seu ciúme foi um dos primeiros fatos a respeito de Si mesmo que lhes ensinou. A sanção do segundo mandamento, pronunciado em voz audível para Moisés nas 'tábuas de pedra escritas pelo dedo de Deus' (Êx 31.18) era este: 'Porque Eu sou o Senhor teu Deus, Deus zeloso" (Êx 20.5). Mais tarde, Deus falou a Moisés de modo mais direto: 'O nome do Senhor é Zeloso; sim, Deus zeloso é Ele' (Êx 34.14). [...] De fato, a Bíblia fala bastante sobre o ciúme de Deus. Há diversas referências no Pentateuco (Nm 25.11; Dt 4.24; 6.15; 29.20; 32.16,21), nos livros históricos (Js 24.19; 1 Rs 14.22), nos Profetas (Ez 8.3-5,16;

38 e 42; 23.25; 36.5; 38.19; 39.25; Jl 2.18; Na 1.2; Sf 1.18; 3.8; Zc 1.14; 8.2) e nos Salmos (78.58; 79.5). Ele [seu zelo] é constantemente apresentado como um motivo para [Deus] agir, seja em ira ou misericórdia: 'Terei zelo pelo meu santo nome' (Ez 39.25); 'Com grande zelo estou zelando por Jerusalém e Sião' (Zc 1.14); 'O Senhor é um Deus zeloso e vingador' (Na 1.2)".[5]

O apóstolo Paulo também fala sobre o ciúme de Deus, ao lançar sobre os orgulhosos cristãos de Corinto a seguinte pergunta: "Ou irritaremos o Senhor? Somos nós mais fortes do que Ele?" (1 Co 10.22). Nessa passagem, Paulo está afirmando aos crentes coríntios que havia uma impossibilidade moral de se beber "o cálice do Senhor" e beber "o cálice dos demônios" (1 Co 10.21). Como ressalta Donald Metz, "o cálice dos demônios representava o apogeu dos banquetes dos pagãos nos quais eram feitas três saudações em honra aos deuses. Um crente não podia tomar parte em tal rito pagão sem ofender a sua consciência. Qualquer tentativa de ter comunhão com Deus e, ao mesmo tempo, de participar deliberadamente de práticas idólatras provocará a irritação do Senhor (1 Co 10.22; Dt 32.21)".[6]

> Tiago nos ensina... que não há vitória sobre as paixões pecaminosas e nem exaltação espiritual na vida do cristão sem humilhação diante de Deus, sem submissão total à sua vontade.

Lembrando ainda que, nessa mesma Epístola, alguns capítulos antes, Paulo já falara do ciúme divino aos crentes em Corinto, evocando justamente o fato de que, desde o dia em que aceitaram Cristo como Senhor e Salvador, o Espírito Santo passou a habitá-los (1 Co 6.19,20), mesmo fato frisado por Tiago (Tg 4.5). E o apóstolo aos gentios ainda revisitaria esse assunto na sua Segunda Epístola aos Coríntios (2 Co 6.14-18).

---

5 PACKER, J. I., *O Conhecimento de Deus.* São Paulo: Mundo Cristão, 1973, pp. 152 e 153.

6 *Comentário Bíblico Beacon — Romanos e 1 e 2 Coríntios*, vários autores, Rio de Janeiro: CPAD, 2014, pp. 321 e 322.

Submetendo-se a Deus

Nos versículos 6 a 10, o apóstolo Tiago exorta seus leitores a fugirem das paixões pecaminosas se submetendo a Deus. Ele começa nos lembrando que o Espírito de Deus, que em nós habita e tem zelo santo por nós, nos admoesta para que obtenhamos "maior graça" (v.6). Para isso, basta que, seguindo sua admoestação, sujeitemo-nos a Deus, isto é à sua vontade, que é "boa, agradável e perfeita" (Rm 12.2).

Assevera Tiago que os orgulhosos, os soberbos, os egoístas, são resistidos por Deus, que "dá graça", isto é, a "maior graça", apenas aos humildes (Tg 4.6b). Na sequência, Tiago relaciona o sujeitar-se a Deus com o resistir ao Diabo (v.7), o que significa que o Diabo procura de todas as formas atrapalhar para que não nos sujeitemos à vontade de Deus. Porém, se resistirmos às suas sugestões, afirma o apóstolo, ele fugirá de nós. Ou seja, a melhor forma de mantermos o Diabo afastado de nós é nos sujeitarmos à vontade de Deus.

Em seguida, o apóstolo explica em detalhes como se dá essa submissão a Deus, no que ela consiste.

Em primeiro lugar, diz ele que é preciso se aproximar de Deus, isto é, buscá-lo sinceramente: "Chegai-vos a Deus" (v.8a). A consequência disso é que Deus se chegará a nós (v.8b) — ou seja, teremos comunhão com Ele e seremos abençoados pela sua presença em nossas vidas. "Buscar-me-eis, e me achareis, quando me buscardes com todo o vosso coração" (Jr 29.13).

Em segundo lugar, é preciso se arrepender dos pecados e mudar de atitude: "Limpai as mãos, pecadores" (v.8c). Ter as mãos limpas fala de chegar-se a Deus com a consciência limpa devido ao arrependimento sincero. Paulo fala de levantar as mãos em oração diante do Senhor "sem ira nem contenda" (1 Tm 2.8), purificado.

Em terceiro lugar, é preciso dar fim ao "duplo ânimo" (v.8d), isto é, ao hesitar entre Deus e o mundo, ao coxear entre a vontade de Deus e as paixões pecaminosas.

Em quarto lugar, "purificai o coração" (v.8e), que significa aqui ter um coração sincero, sem falsidade, sem maldade. Só os puros de coração verão a Deus (Mt 5.8), isto é, só os sinceros de coração poderão ter um relacionamento real com Deus.

Ao final, Tiago reforça a necessidade de arrependimento sincero, de quebrantamento verdadeiro perante Deus: "Senti as vossas misérias, e lamentai, e chorai; converta-se o vosso riso em pranto, e o vosso gozo, em tristeza" (v.9). Tudo isso que acabamos de ver é o que significa biblicamente sujeitar-se a Deus, submeter-se a Ele, ou, como acrescenta Tiago ainda, humilharse diante do Senhor. O resultado dessa atitude é claro: "Humilhai-vos perante o Senhor, *e Ele vos exaltará*" (v.10 — grifo meu).

Em suma, Tiago nos ensina nessa bela passagem de sua epístola que não há vitória sobre as paixões pecaminosas e nem exaltação espiritual na vida do cristão sem humilhação diante de Deus, sem submissão total à sua vontade, que se dá através desses quatro passos acima elencados a partir de seu próprio texto. E mais: vivendo assim, não teremos, inclusive, conflitos entre nós, porque nossas motivações, desejos e formas de agir estarão completamente harmonizados com a perfeita vontade do Senhor.

Bibliografia utilizada neste capítulo

ARRINGTON, French L.; STRONSTAD, Roger (editores). *Comentário Bíblico Pentecostal do Novo Testamento*. Rio de Janeiro: CPAD, 2004.

Bíblia de Estudo Pentecostal. Rio de Janeiro: CPAD, 1995.

11 Capítulo

O julgamento e a soberania pertencem a Deus

Alexandre Coelho

Neste capítulo, abordaremos duas questões principais: o perigo de se fazer julgamentos indevidos contra pessoas e a capacidade de reconhecer os atos de Deus em nossos planos. Ambas as questões fazem parte do nosso dia a dia. Quem nunca emitiu um juízo de valor sobre uma atitude ou sobre a vida de outra pessoa? E quem nunca fez planos pessoais sem se lembrar de Deus? É sobre isso que discorreremos aqui.

I. O PERIGO DE SE COLOCAR COMO JUIZ

Mais uma vez, Tiago aborda a questão da fala e o cuidado com aquilo que falamos. Sabemos que é possível falar com as pessoas exortando-as, aconselhando-as e ensinando-as a serem melhores e estarem mais próximas de Deus. Mas também é possível falar mal das pessoas e atrair para si um duro julgamento.

Tiago trata do perigo de nos colocarmos no lugar de Deus para exercer juízo contra uma pessoa. Mas de que forma pode um servo de Deus aparentemente assumir a posição de juiz? Quando abre a boca para falar mal de outras pessoas. O apóstolo não entra em detalhes. Basta a ele apenas dizer que não devemos falar mal uns dos outros, pois quem fala mal de seu irmão fala mal da lei, e por sua vez, quem fala da lei não é mais observador, e sim juiz.

Timothy B. Cargal comenta:

1) Ao condenar os outros, estamos principalmente condenando a própria lei. Talvez Tiago acreditasse que esse era o caso porque quando condenamos as pessoas estamos condenando aqueles que foram "feitos à imagem de Deus" (3.9), e assim, implicitamente, estamos condenando o próprio Deus (Cf. Rm 14.1-8, esp. vv 4, 8).
2) Aqueles que julgam seus semelhantes estão se posicionando como juízes acima da lei, em vez de submeterem-se a ela ("se tu julgas a lei não és observador da lei, mas juiz", Tg 4.11). (*Comentário Pentecostal do Novo Testamento*, CPAD)

Ao condenar os outros, estamos nós mesmos sendo julgados e condenados pelo próprio Deus.

Quem pode realmente criar a lei e aplicá-la? Tiago deixa claro que apenas Deus pode fazer essas funções. Apenas Ele tem integridade suficiente para não ser movido por paixões humanas. Podemos resumir o que Tiago fala da seguinte forma: Apenas Deus pode fazer e executar a lei, mas se eu falo mal do meu irmão estou me colocando no lugar de Deus (E Deus não fala mal de seus atos, pois são perfeitos!). Quem critica seu irmão e fala mal dele vai ter de acertar as contas com Deus, pois na prática está se colocando no lugar dEle. Dura é essa palavra, mas igualmente verdadeira. Quão duro será o julgamento daqueles que se colocam no lugar de Deus!

Tiago está dizendo que a congregação não pode exercer um julgamento objetivo para agir de forma disciplinar em alguns casos? Não, Tiago não está abordando esse fato. Ele, como pastor principal em Jerusalém, sabia que a igreja tem o dever de agir de forma sistemática e direta em alguns momentos. Ananias e Safira foram julgados duramente por Deus, por intermédio de Pedro, e Paulo ordenou a exclusão do crente coríntio que tinha relações sexuais com a mulher do próprio pai. Há situações em que a igreja precisa ser enfática na forma como administra os erros de seus membros, sob pena de se igualar ao mundo.

Claro que a disciplina sempre deve ter os objetivos de corrigir e reabilitar. Não podemos lançar no mundo uma pessoa que Jesus salvou, mas não podemos também compactuar com um pecado cometido, como se nada de errado houvesse ocorrido. Portanto, antes de exercer a disciplina no tocante a um pecado de um membro da congregação, a igreja deve se certificar de que ensinou àquela pessoa sobre aquele assunto, se ela entendeu, e posteriormente, se incorre no erro, deve passar pelo processo de disciplina para ser corrigida e reabilitada na congregação.

Aqui cabe uma observação. É importante que o novo crente tenha a consciência de que a igreja como instituição possui normas específicas de comportamento e convivência para seus membros. Essas normas têm por objetivo fazer com que a convivência entre os congregados possa ser mais amigável, em clima de respeito e confraternização, e também para que a liturgia do culto possa ter uma metodologia que favoreça o respeito pelo sagrado. Um culto em que cada pessoa faz o que quer acaba se tornando uma bagunça, e como Deus não é Deus de confusão, mas um Deus ordeiro e que preza pelo culto racional, o nosso culto deve seguir esse princípio. E as normas da igreja devem ser pautadas na Palavra de Deus e no bom senso, pois os costumes variam de povo para povo, conforme a época e o lugar, mas a Palavra de Deus é imutável.

É evidente que não é sobre esse tipo de julgamento que Tiago está falando, e sim sobre o ato de uma pessoa da congregação emitir de forma gratuita e indevida uma opinião sobre uma outra pessoa. E isso deve nos levar à reflexão: é correto falar mal de outra pessoa? Ou invertendo os polos, como eu agiria se soubesse que meu nome foi citado em uma conversa, sendo mal falado ou tendo minha imagem denegrida de forma indevida e injusta? Da mesma forma que eu gostaria de ser tratado, deve igualmente tratar. Se não desejo ver meu nome sendo citado de forma negativa, devo conter meus lábios para não incorrer no mesmo erro.

II. A BREVIDADE DA VIDA E O RECONHECIMENTO DA SOBERANIA DIVINA

A Carta de Tiago apresenta outro assunto muito corrente em nossos dias: o fazer planos para o futuro. Qual é a concepção de Tiago? Ele entende que podemos fazer planos, desde que dependamos de Deus para realizá-los.

O apóstolo compara a vida humana a um vapor ou fumaça, que se desvanece em pouco tempo. Por causa da brevidade da nossa vida, não somos impedidos de planejar o futuro, mas sim excluir Deus dos nossos planos.

Apresentando nossos planos a Deus

Tiago escreve: "...Se o Senhor quiser, e se vivermos, faremos isto ou aquilo". Para alguns pregadores modernos, essas palavras de Tiago deveriam ser retiradas do texto. Não são poucos os púlpitos de nossas igrejas em que mensagens empolgantes orientam os crentes a colocarem Deus contra a parede, "obrigando" o Eterno a realizar sonhos e desejos de riquezas e poder. Esse tipo de atitude deturpa o verdadeiro evangelho. Disse certa vez Isael de Araújo, autor da célebre obra *Dicionário do Movimento Pentecostal*: "Deus não vai julgar o que o evangelho faz conosco, mas vai julgar o que fazemos com o evangelho". Deus não é um escravo à disposição de satisfazer nossos desejos. Ele é o Senhor, e nós, seus servos. Não podemos tentar constranger Deus a realizar nossos desejos e ignorar a vontade divina para nossas vidas.

Tiago chama a atenção de seus leitores sobre a realidade do fato de que não podemos controlar a nossa própria vida. Pelo texto, Tiago parece descrever algumas atividades relacionadas à vida de membros da congregação. São atividades aparentemente não relacionadas à vida eclesiástica: viajar para determinada localidade, lá residir por um ano, fazer contratos, estabelecer negócios e ganhar dinheiro.

Deus preza pelo trabalho? Sim. Ele espera que com seu fruto possamos angariar recursos para nossa subsistência e daqueles que dependem de nós. Se ganhamos a vida de forma honesta, não temos nada a temer.

Deus condena planejamentos? Claro que não. Se olharmos para os dias da Criação, veremos que Deus planejou primeiro o ambiente em que o homem seria colocado, e depois de esse ambiente ser criado, Deus criou o homem. Ele proveu a terra de todos os recursos para a vida humana, e depois estabeleceu a humanidade. Ele não fez o caminho inverso. Por isso, tudo em nossa vida precisa de um direcionamento, um planejamento: onde quero chegar, por qual caminho vou chegar, quanto tempo levarei para chegar e quais recursos precisarei ter para essa finalidade.

Tiago, de forma direta, nos desafia a incluir Deus em nossos planos, e de forma indireta nos ensina que isso implica a busca pela vontade de Deus em nossas vidas. Se temos de fazer planos, devemos fazê-los de acordo com os projetos de Deus para nós.

A Bíblia não é um livro de curiosidades que diz com quem uma pessoa solteira vai se casar, se vai chover hoje ou amanhã, ou ainda, o tipo de profissão que devo seguir ou quantos filhos devo ter. Há muitas situações em que Deus nos permite usar nosso bom senso, analisar aquilo de que dispomos e seguir uma carreira de acordo com nossos talentos pessoais, e isso não é pecado. Mas não é certo deixar de apresentar a Deus nossos planos. Na prática, isso não significa que Deus não saiba o que queremos, pois Ele sabe o que vamos pedir antes mesmo de orarmos. Porém, nossos planos devem estar sujeitos a Deus, até mesmo quando Ele nos diz um necessário "não".

Lembre-se também de que a minha obediência a Deus hoje pode garantir a orientação divina no futuro. Pensemos no caso do rei Saul. Ele foi escolhido por Deus, ungido, e até profetizou, mas com o passar do tempo se tornou um homem rebelde a Deus e à sua orientação, e Deus deixou de falar com ele. No final de sua vida, Saul foi procurar uma feiticeira para se consultar, porque Deus não mais falava com ele. Há uma lógica nesse fato? Sim. Se eu confio na orientação de Deus e a obedeço hoje, Deus certamente continuará a me orientar, pois sabe que eu não apenas ouço sua voz, mas a obedeço também. De nada adianta buscar a orientação divina se eu não tenho a menor intenção de obedecê-la.

Outro caso foi o do rei Josafá, diante de uma batalha, em 2 Crônicas 18. Acabe, o rei ímpio de Israel, procurou Josafá para que ambos se aliassem em uma batalha, e Josafá foi consultar ao Senhor. Deus o respondeu por intermédio do profeta Micaías, mas Josafá ignorou a Palavra do Senhor. Por ter ouvido a Palavra de Deus e tê-la ignorado no tocante à aliança com Acabe, Josafá foi duramente repreendido pelo Senhor. Na prática, podemos escolher ouvir a Palavra de Deus e obedecê-la ou ignorá-la, mas os resultados sempre seguem as pessoas nos dois casos. Saul se tornou um rei rebelde e perdeu o reino, além de ter se tornado uma figura mal vista nas Escrituras. Josafá foi repreendido pelo Senhor, coisa que não ocorreria se tivesse obedecido a Deus.

Há situações em que a igreja precisa ser enfática na forma como administra os erros de seus membros, sob pena de se igualar ao mundo.

Podemos evitar muitos problemas em nossas vidas quando decidimos buscar ao Senhor e obedecer-lhe a voz. Deus não é contra fazermos planos, mas orienta-nos a que os apresentemos a Ele. Provérbios 16 nos mostra a melhor forma de lidar com nossos planos pessoais para o futuro: “Do homem são as preparações do coração, mas do SENHOR, a resposta da boca.

Todos os caminhos do homem são limpos aos seus olhos, mas o SENHOR pesa os espíritos. Confia ao SENHOR as tuas obras, e teus pensamentos serão estabelecidos" (Pv 16.1-3). Esses versos nos ensinam basicamente 3 verdades: a) o homem pode preparar seus planos, mas Deus é que dá a última palavra; b) nossos projetos podem estar certos aos nossos olhos, mas ao mesmo tempo serem reprovados por Deus; c) quando confiamos ao Senhor nossos planos, dependendo realmente da aprovação dEle, podemos ter a certeza de que se esses planos forem aprovados por Ele, eles serão realizados.

Deus não deseja estar distante de nossos projetos pessoais. Ele quer participar de cada esfera de nossa vida, mas quer que confiemos nEle mesmo que precisemos abrir mão de nossos planos em prol dos dEle. Façamos projetos e invistamos neles dentro de nossas possibilidades, mas nunca nos esqueçamos de que nossa vida é muito breve, que não temos controle sobre ela, e que Deus tem sempre planos melhores do que os nossos: "Porque eu bem sei os pensamentos que penso de vós, diz o SENHOR; pensamentos de paz e não de mal, para vos dar o fim que esperais" (Jr 29.11).

É fácil render nossos planos ao Senhor? Claro que não, principalmente quando não confiamos plenamente nEle ou quando achamos que Ele vai frustrar os nossos planos. Mas à medida que andamos com Ele, vamos crescendo na comunhão e confiança naquilo que Ele quer para nós. Quando andamos com Deus e temos uma confiança contínua no que Ele está fazendo ou vai fazer, não teremos dificuldades para confiar nossa vida terrena àquEle que já tem um grande projeto eterno para todos nós.

III. OS PECADOS DA ARROGÂNCIA E DA AUTOSSUFICIÊNCIA

Ainda vinculado ao assunto anterior, em que Tiago abordou o perigo de se fazer planos sem que Deus participe deles, passamos agora a tratar da arrogância atrelada à autossuficiência. No tópico anterior, parece que estamos contemplando crentes esquecidos, e que no tópico atual, há crentes que se omitem em fazer o que é certo. Um se esquece de Deus quando não o inclui em seus planos, e outro se esquece de Deus quando conscientemente deixa de fazer o que é certo. A omissão de quem sabe fazer o certo e não o faz é tida como um pecado. É uma lição bem prática, bem ao estilo do irmão do Senhor.

A arrogância, ao que parece, no texto de Tiago, está vinculada às pessoas que queriam viajar e fazer negócios sem que Deus fosse consultado ou participasse de suas vidas. Isso pode demonstrar também que essas pessoas acreditavam que Deus estava restrito à esfera espiritual de suas vidas, e não à esfera material também. Essa forma de ver a vida cristã é errada, pois somos cristãos dentro e fora da igreja. Nosso cristianismo deve ser demonstrado não só no santuário, mas igualmente fora dele. Na verdade, Deus espera que possamos dar testemunho de nossa fé com nossas atitudes fora do âmbito da comunidade cristã. E a reprimenda de Tiago nos mostra que aqueles crentes estavam agindo de forma errada.

Esse é um dos erros mais comuns dos cristãos de nossos dias. Não raro, há crentes que imaginam que podem ser uma pessoa na igreja e outra fora dela. Há pessoas crendo que é possível adorar a Deus no domingo e quando chega a segunda-feira, agir de acordo com as regras deste mundo, como se não tivéssemos um Deus. Um comerciante cristão pode acreditar que não há qualquer problema em repassar a um consumidor uma mercadoria reconhecidamente defeituosa. Um estudante cristão pode acreditar que não há problemas em se utilizar de meios ilícitos para se obter uma boa nota numa avaliação. Um funcionário cristão pode crer que não há problema algum em se apropriar de um objeto da empresa em que trabalha, imaginando que não vai fazer falta lá. Mas se Deus os pesar em uma balança, com certeza será achado em falta.

Não existe dualidade na vida cristã. Preciso ser fiel a Deus tanto na igreja quanto fora dela, ou provavelmente esvaziarei meu testemunho diante dos ímpios. Quantos de nós já não ouvimos críticas sobre pessoas da igreja que nem mesmo parecem servir a Deus? Mas também já ouvimos opiniões de pessoas que não conhecem Jesus, mas que tem contato com homens e mulheres cujos testemunhos irradiam uma comunhão imensa com nosso Senhor, por meio de sua vida e atitudes.

Tiago conclui seu pensamento no verso 17 informando que quem sabe fazer o bem e não faz, comete pecado. Para Tiago, a comissão é fruto direto da omissão em relação ao pecado. Esta não se realiza apenas quando agimos de forma errada, mas também quando deixamos de agir de acordo com o padrão que Deus espera de nós. Jesus certa vez disse: "E o servo que soube a vontade de seu senhor e não se aprontou, nem fez conforme a sua vontade, será castigado com muitos açoites" (Lc 12.47). Esta parábola de Jesus fala sobre serviço e obediência, e Jesus utiliza a figura de um servo que teve à sua disposição os bens de seu senhor. Nessa história, o mordomo inicialmente é um homem fiel e prudente, que apesar da ausência de seu amo, faz aquilo que é certo. Mas Jesus apresenta a possibilidade de esse mesmo servo aproveitar a ausência de seu senhor para maltratar seus conservos, e aproveitar-se dos mantimentos que deveriam ser distribuídos a todos. Esse tipo de servo será duramente punido por sua atitude de covardia e de desperdícios.

> Deus condena planejamentos? Claro que não. Se olharmos para os dias da Criação, veremos que Deus planejou primeiro o ambiente em que o homem seria colocado, e depois de esse ambiente ser criado, Deus criou o homem.

Se atentarmos bem para essa história, podemos nos ver sendo enquadrados em qualquer uma das duas categorias desse mesmo servo. Podemos ser fiéis e prudentes, obedecendo a Deus e respeitando nossos conservos, como podemos também nos aproveitar dos bens "depositados" em nossa conta e esquecer-nos de que um dia prestaremos contas ao Senhor pela forma com que usamos tais bens. Um mesmo servo, duas possibilidades de atitudes, com duas consequências distintas. Na prática, Deus já nos deu o que precisamos para viver, e até mais do que o necessário, a fim de partilharmos com outros.

A mensagem final: Não sejamos arrogantes nem imaginemos que somos autossuficientes a ponto de não precisar depender de Deus. E que os recursos que recebemos de Deus nos lembrem de que um dia prestaremos contas a Deus de nossa mordomia.

Bibliografia utilizada neste capítulo

Manual da Bíblia de Aplicação Pessoal. CPAD

Vincent — Estudo no Vocabulário Grego do Novo Testamento. CPAD

Mathew Henry — Comentário Bíblico do Novo Testamento — Atos a Apocalipse. CPAD

Comentário Bíblico Beacon — Volume 10. CPAD

Comentário Bíblico pentecostal do Novo Testamento — Volume 2. CPAD

Comentário do Novo Testamento Aplicação Pessoal. CPAD

Teologia do Novo Testamento. Roy B Zuck. CPAD

Dicionário Vine. CPAD

Dicionário Bíblico Wycliffe. CPAD.

O Novo Testamento Interpretado Versículo por Versículo. Russel Norman Champlin. Milenium.

Uma Introdução aos Escritos do Novo Testamento. Erick Mauerhofer, Editora Vida.

Estudos no Cristianismo não Paulino. F F Bruce. Shedd Publicações.

Homens com uma Mensagem. John Stott. Cultura Cristã

Introdução ao Novo Testamento. D. A. Carson, Douglas J. Moo e Leon Morris. Vida Nova.

O Novo Testamento, sua Origem e Análise. Merril C. Tenney. Vida Nova.

Panorama do Novo Testamento. Robert H. Gundry. Vida Nova.

12
Capítulo

Os pecados de omissão e opressão

Como destacamos no capítulo 10 deste livro, o apóstolo Tiago chama a atenção de seus leitores, mais especificamente na abertura do capítulo 4, para as consequências trágicas da omissão dos homens mais abastados em cuidar "dos órfãos e das viúvas" (Tg 1.27) assim como dos membros indigentes da sua comunidade (Tg 2.15,16). Tal atitude, frisa o apóstolo, estava levando a mortes desnecessárias entre os mais necessitados, de maneira que Tiago sugere que esses homens ricos que pecavam por omissão, que pecavam por não atenderem aos mais carentes, eram, indiretamente, assassinos (Tg 4.3; 5.6). Sim, porque os interesses egoístas dessas pessoas — e que ficará ainda mais evidenciado no caso da diminuição do salário devido aos trabalhadores pobres (Tg 5.4) — estavam levando necessitados à morte. Ao lutarem apenas pelos seus próprios deleites, eles estavam, na prática, mesmo que indiretamente, combatendo contra seus irmãos necessitados, porque sua omissão custava a vida destes. Tratava-se, portanto, de uma omissão criminosa.

Lembremos que a Epístola de Tiago foi escrita, muito provavelmente, durante a grande fome que abateu a Judeia por volta do ano 46 d.C. A data mais provável para a composição da Carta de Tiago é entre 45 e 49 d.C., isto é, exatamente um período que abrange a época dessa grande fome. Logo, quando Tiago viu que a morte de alguns irmãos poderia ser poupada se não fosse a omissão dos mais ricos — ainda mais que os ricos empregadores, motivados apenas por cobiça e egoísmo, estavam em falta no pagamento dos salários dos seus trabalhadores, salário este que, se honrado, supriria minimamente as necessidades destes —, o apóstolo foi tomado de uma ira santa e escreveu as palavras contundentes que abrem o capítulo 5 de sua carta, sobre as quais meditaremos a seguir.

O pecado da omissão

O capítulo 4 da Epístola de Tiago termina com uma frase que bem poderia abrir o capítulo 5, mas o francês Robert D'Etiénne (1503-1559), responsável pela divisão do Novo Testamento em versículos, não atentou para isso, preferindo colocar a referida frase ao final do texto sobre a falibilidade dos projetos humanos (Tg 4.13-16). Diz Tiago ao final desta passagem: "Aquele, pois, que sabe fazer o bem e o não faz comete pecado" (Tg 4.17). Não que essa frase não possa ter alguma relação com o tema da falibilidade dos projetos humanos, mas ele está mais relacionado com o tema que vem a seguir.

O principal pecado desses ricos opressores era, segundo a denúncia clara do apóstolo Tiago, o não pagamento dos salários devidos.

Antes, porém, de adentrarmos no tema dos versículos 1 a 6 do capítulo 5, é preciso destacar algumas lições que estão implícitas no enunciado do apóstolo sobre o pecado de omissão.

A primeira é que, diferentemente do que normalmente as pessoas imaginam, os pecados de omissão serão julgados por Deus tanto quanto os demais pecados cometidos. Como afirma Matthew Henry, "aquele que não faz o bem que ele sabe que deve fazer e aquele que faz o mal que ele sabe que não deve fazer serão condenados".[1]

Em segundo lugar, a partir do contexto desse enunciado do apóstolo Tiago, entendemos que ele está afirmando aqui também que "pecados de omissão podem facilmente se tornar pecados de comissão".[2] Ou seja, além de ser um mal em si mesmo, o pecado de omitir-se deliberadamente ainda pode ser praticado de forma a colaborar conscientemente para outros males, de maneira que ele é, nesses casos, também um pecado de comissão.

O pecado da opressão

Curiosamente, ao iniciar no capítulo 5 sua contundente condenação aos ricos opressores, Tiago usa as mesmas palavras do versículo 9 do capítulo 4, quando ele estava falando aos seus leitores sobre a necessidade de se separarem do mundo e se submeterem à vontade de Deus, e que isso inclui indispensavelmente uma atitude de arrependimento sincero: "Senti as vossas misérias, e lamentai, e chorai; converta-se o vosso riso em pranto, e o vosso gozo, em tristeza". Essa atitude é sintetizada na expressão "Humilhai-vos perante o Senhor" (Tg 4.10a). No capítulo 5, ele conclama os ricos opressores a essa mesma atitude, isto é, a essa humilhação diante de Deus, ressaltando que o juízo de Deus é certo se não se arrependerem: "Eia, pois, agora vós ricos, chorai e pranteai por vossas misérias, que sobre vós hão de vir" (Tg 5.1).

---

1 HENRY, Matthew, *Comentário Bíblico Novo Testamento — Atos a Apocalipse*. Rio de Janeiro: CPAD, 2012, p. 846.

2 ARRINGTON, French L.; STRONSTAD, Roger (editores), *Comentário Bíblico Pentecostal do Novo Testamento*. Rio de Janeiro: CPAD, 2004, p. 1685.

A contraposição à humildade é a soberba, que aparece aqui encarnada na vida desses ricos opressores. Como salienta o teólogo Lawrence Richards ao comentar essa passagem da Epístola de Tiago, "aqueles que confiam nas riquezas e menosprezam os direitos dos outros para acumulá-las são a antítese das pessoas humildes que Deus deseja que os crentes se tornem. Estes homens ricos personificam o sistema do mundo, que Tiago afirma ser hostil a Deus. Eles valorizam as coisas materiais, que não têm valor duradouro, e desdenham os seres humanos, que Deus afirma que têm valor supremo. A sua vida na terra, que é uma vida de 'delícias e deleites', serve apenas para prepará-los para o 'dia de matança' [Tg 5.5], o juízo divino".[3] Sua vida de prazeres e luxo estava sendo para eles como o período de engorda do gado para logo depois ser abatido (Tg 5.5).

Como afirmamos no capítulo 4, a Bíblia nos ensina que as riquezas em si não são pecado, mas apenas o amor às riquezas, o apegar-se a elas, a avareza, a cobiça, o egoísmo e a soberba. As Escrituras ensinam que o cristão que "possui riquezas e bens não deve julgar-se rico em si, e sim administrador dos bens de Deus (Lc 12.31-48)", e deve ser "generoso, pronto a ajudar o carente, e rico em boas obras (Ef 4.28; 1 Tm 6.17-19)".[4] Além do mais, uma vez que Tiago conclama os ricos opressores a prantearem e chorarem, isso significa dizer, à luz do uso dessas mesmas expressões no capítulo 4 (v.9), que ele "espera que reconheçam sua dependência de Deus e se arrependam de seus pecados"; e "se assim o fizerem, então o 'abatimento' (Tg 1.10) provocado por sua 'miséria' os levará a se humilharem perante o Senhor, e Ele os exaltará (Tg 4.10; cf. Tg 1.9)".[5]

---

3 RICHARDS, Lawrence O., *Comentário Devocional da Bíblia.* Rio de Janeiro: CPAD, 2012, p. 959.

4 *Bíblia de Estudo Pentecostal.* Rio de Janeiro: CPAD, 1995, p. 1547.

5 ARRINGTON e STRONSTAD, *Comentário Bíblico Pentecostal do Novo Testamento*, Ib., p. 1686.

A deterioração das riquezas

No capítulo 5, Tiago mais uma vez chama a atenção para a transitoriedade e a deterioração natural das riquezas (Tg 5.2,3). Ele já havia feito essa alusão no capítulo 1, usando como analogia a beleza passageira da flor (vv.10,11).

Um aspecto importante das palavras de Tiago nos versículos 2 e 3 é que, ao afirmar que as riquezas daqueles ricos opressores estavam apodrecidas, com vestes comidas de traça e ouro e prata enferrujados, o apóstolo estava destacando também que os bens daqueles homens haviam perdido o seu propósito. "O fato de as vestes representarem o alimento das traças, o dinheiro guardado se tornar manchado e o ouro e a prata enferrujarem, não sendo utilizados por seus donos quando poderiam ter sido destinados aos pobres, indica que foram afastados da função a qual Deus lhes destinou. Se os ricos aceitarem a vontade de Deus como a sua própria, então usarão suas posses para suprir as necessidades dos semelhantes (Tg 2.15,16) em vez de viver em luxúrias e deleites (Tg 5.5; cf. Tg 4.3)".[6]

O não pagamento dos salários devidos

O principal pecado desses ricos opressores era, segundo a denúncia clara do apóstolo Tiago, o não pagamento dos salários devidos. Tiago afirma que os trabalhadores que ceifavam nas terras desses ricos, na hora de serem pagos pelos seus trabalhos, em vez de receberem o salário combinado, tinham o seu pagamento distorcido, reduzido, diminuído (Tg 5.4). E mais: além de cometerem o pecado de não pagarem o salário devido, esses ricos estavam cometendo indiretamente assassinato, conforme a denúncia contundente de Tiago, que afirma que o não pagamento desses ricos aos pobres trabalhadores lançara estes em uma situação de miséria e morte. Diz o apóstolo: "Condenastes e matastes o justo; ele não vos resistiu" (Tg 5.6). Como resulta-

---

6 Ibidem, p. 1686.

do dessa atitude, Deus resistirá a esses ricos criminosos (Tg 4.6); seu juízo virá sobre eles (Tg 5.1).

Eis o centro da denúncia de Tiago no capítulo 5: a prática desses ricos maus de "acumular fortuna pessoal deixando de pagar seus empregados (v.4) é a base da acusação específica de Tiago quando menciona 'matar o justo' (v.6), porque tirar o pão de um semelhante é cometer assassinato; privar um empregado do salário é derramar seu sangue".[7] Sem o seu salário, esses pobres trabalhadores, que dependiam exclusivamente desses salários para sobreviver, não poderiam viver por muito tempo — definhariam até a morte.

O significado do termo "justo" do versículo 6

Um ponto importante a ser frisado aqui é o uso que Tiago faz do termo "justo" no versículo 6, quando afirma "Condenastes e matastes o justo; ele não vos resistiu". A ideia clara do uso desse termo nessa passagem para se referir a esses pobres trabalhadores oprimidos é que o apóstolo quer destacar a seus leitores o fato de que eles não eram homens maus sofrendo alguma represália dos seus chefes ricos pela sua maldade. Não. Eles eram homens inocentes.

Tiago não está aqui atribuindo alguma bondade inata aos pobres pelo simples fato de serem pobres. Ele estava, sim, preocupado em enfatizar o fato de que aqueles homens não mereciam o que seus empregadores estavam fazendo com eles. Ele estava dizendo que aqueles pobres empregados haviam trabalhado honestamente, ceifando as terras de seus senhores, mas receberam em troca um salário aquém do combinado e de suas necessidades, quando os seus empregadores tinham condições de pagar o salário prometido, que garantia a subsistência daqueles pobres homens.

Portanto, o referido versículo não pode ser usado como argumento para sustentar a Teologia da Libertação, que ensina o

---

7 Ibidem, p. 1686.

equívoco de que os pobres são justos diante de Deus pelo simples fato de serem pobres, o que não encontra base alguma nas Sagradas Escrituras. Como afirma uma antiga e precisa regra básica de hermenêutica bíblica, texto sem olhar o contexto é pretexto.

"Paguem-lhe o seu salário"

Desde o Antigo Testamento, ainda na Lei de Moisés, encontramos a proibição divina de o empregador oprimir o empregado. Ela se encontra em Deuteronômio 24.14, mesma passagem que assevera que o trabalhador tinha direito ao salário devido e este não poderia ser de forma alguma atrasado. Afirma expressamente o próprio Deus, conforme registrado por Moisés: "No seu dia, lhe darás o seu salário, e o sol se não porá sobre isso; porquanto pobre é, e sua alma se atém a isso; para que não clame contra ti ao Senhor, e haja em ti pecado". Na Nova Versão Internacional, a mesma passagem é assim vertida para o português: "Paguem-lhe o seu salário diariamente, antes do pôr do sol, pois ele é necessitado e depende disso. Se não, ele poderá clamar ao Senhor contra você, e você será culpado de pecado".[8]

> Como Tiago se colocou como uma voz contra esses opressores, uma voz em favor daqueles inocentes oprimidos, o cristão deve também erguer sua voz contra as injustiças nesse mundo e a favor das vítimas inocentes.

Ao desrespeitarem esse mandamento divino, esses ricos opressores estavam acumulando culpa sobre as suas cabeças, preparando-se para o juízo divino. Seu enriquecimento era fraudulento, o que já era frisado no capítulo 2 da Epístola de Tiago, quando o apóstolo afirma: "Mas vós desonrastes o pobre. Porventura, não vos oprimem os ricos e não vos arrastam aos tribunais?" (Tg 2.6). Isto é, os ricos opressores chegaram às raias dos tribunais, devido

8 *Nova Versão Internacional*, 2001, Sociedade Bíblia Internacional.

a seu crime, mas saíram vencedores. Essa é a razão pela qual Tiago afirma no capítulo 5, versículo 6, que o inocente pobre "não vos resistiu", isto é, não resistiram aos ricos, mas foram condenados.

Como frisa o teólogo A. F. Harper, essa expressão "não vos resistiu" refere-se, provavelmente, ao fato de que "o pobre não tinha uma defesa legal adequada", de maneira que, "nos tribunais, os ricos influentes têm 'condenado e devastado' [condenado e matado] o pobre que não tem condições de pagar o salário de um advogado ou o suborno para o juiz". Conclui Harper: "O desamparo da vítima somente aumenta a culpa do opressor. Quando o desejo por riqueza se torna tão intenso ao ponto de tirar a vida de outra pessoa, a ganância tornou-se assassina".[9]

Deus ouve o clamor dos que sofrem injustiças

Por fim, um dos ensinos importantes desse texto que abre o capítulo 5 de Tiago é que Deus está atento ao clamor dos que sofrem injustiças na terra. Deus não está alheio às injustiças que acontecem e, conforme assevera o apóstolo, aqueles que praticam maldades contra inocentes, que oprimem os outros, que promovem injustiças, receberão a sua paga inexoravelmente (Tg 5.1), ou ainda aqui na terra ou na eternidade se não se arrependerem.

Outra coisa que aprendemos é que, assim como Tiago se colocou como uma voz contra esses opressores, uma voz em favor daqueles inocentes oprimidos, o cristão deve também erguer sua voz contra as injustiças nesse mundo e a favor das vítimas inocentes.

E se você está sofrendo alguma injustiça na sua vida, lembre-se: Deus não está blindado em um canto do Universo, surdo e cego, sem atentar para a sua causa. Não! Ele simpatiza com a sua causa. Ele não suporta a injustiça, e Ele sabe muito bem tudo o que você está passando. O Senhor dos Exércitos — isto é, aquEle que peleja por nós — está ouvindo o seu clamor (Tg 5.4b).

---

9 *Comentário Bíblico Beacon — Hebreus a Apocalipse*, vários autores, Rio de Janeiro: CPAD, 2014, p. 190.

Bibliografia utilizada neste capítulo

ARRINGTON, French L.; STRONSTAD, Roger (editores). *Comentário Bíblico Pentecostal do Novo Testamento.* Rio de Janeiro: CPAD, 2004.

Bíblia de Estudo Pentecostal. Rio de Janeiro: CPAD, 1995.

HENRY, Matthew. *Comentário Bíblico Novo Testamento — Atos a Apocalipse — Edição Completa.* Rio de Janeiro: CPAD, 2012.

RICHARDS, Lawrence O., *Comentário Devocional da Bíblia.* Rio de Janeiro: CPAD, 2012.

13
Capítulo

A atualidade dos últimos conselhos de Tiago

Alexandre Coelho

Chegamos à parte final dos conselhos de Tiago. Seu estilo direto e prático nos obriga a meditar sobre a forma como temos nos conduzido na esfera cristã, tanto dentro da igreja quanto fora dela. Neste capítulo, Tiago deixa seus últimos conselhos para a Igreja, encerrando assim um ciclo de pequenos sermões práticos.

I. O VALOR DA PACIÊNCIA E A PROIBIÇÃO DE SE FAZER JURAMENTOS

A paciência e seu valor

Tiago começa esta seção de sua carta recomendando a paciência aos crentes. Ele diz que essa paciência deve durar até a vinda do Senhor. Exercer essa paciência deveria ser um grande desafio para aqueles crentes, e não é menos desafiador para nós. Vinte e um séculos se passaram desde que o Senhor Jesus prometeu retornar para buscar os seus, e a Igreja do Senhor tem tido de conviver com um mundo que muda a forma de pensar sempre para pior, e que diariamente descobre novas formas de transgredir os mandamentos divinos.

Devemos ser pacientes diante de todos esses fatores? Sim, mas lembre-se de que o foco da recomendação à paciência é no tocante à vinda do Senhor. Isso implica uma renovação diária da nossa confiança nas promessas de Jesus. E a orientação de Tiago à paciência não inclui a conivência com o pecado e com este mundo decaído.

A paciência tem sua recompensa. O exemplo desta é apresentado na comparação que Tiago faz sobre o lavrador e o fruto da terra. Da mesma forma que o trabalho do lavrador é árduo, deve ser árduo também o nosso esforço em nos lembrar de que a Vinda de nosso Senhor Jesus não tardará.

> Jurar por Deus é considerado uma forma de usar o nome do Senhor em vão, quando isso é usado de forma leviana. Falar de forma desonesta usando o nome do Senhor não garante a bênção dEle em nossas vidas.

Tiago destaca ainda nessa comparação um terceiro elemento: a chuva temporã e a serôdia. E qual seria a importância desses fenômenos naturais para o agricultor? Elas representam a ajuda divina para o trabalho humano.

Martin Vincent comenta que

> A chuva temporã caía em outubro, novembro e dezembro, e prolongava-se até janeiro e fevereiro. Estas chuvas não vêm repentinamente, mas gradualmente, de modo que o agricultor pode semear seu trigo ou sua cevada. As chuvas vêm principalmente do oeste ou sudoeste (Lc 12.54), duram dois ou três dias a cada vez, e caem principalmente à noite... A chuva serôdia, que é muito menos intensa, cai em março

e abril. A chuva na ocasião da colheita era considerada um milagre.[1]

Tolerância de uns para com os outros

Ainda dentro de uma visão muito prática, Tiago recomenda que não nos queixemos uns contra os outros, para que não sejamos condenados. A expressão queixar-se, citada logo depois da recomendação à paciência, deve nos levar a crer que o hábito de queixar-se pode ser uma consequência da impaciência. Pessoas impacientes tendem a ser queixosas, e esquecem-se com facilidade de que Deus tem seu próprio tempo para realizar seus feitos.

É possível entender também que o queixar-se uns contra os outros demonstra o ato de as pessoas falarem mal uns dos outros. Além da impaciência que induz às queixas, deveria haver pessoas cristãs que em suas queixas apontavam os pontos negativos de outras pessoas. Isso por si é um ato digno de condenação da parte de Deus. Criamos muitas expectativas em relação a outras pessoas, esquecendo-nos de que todos somos limitados e propensos a falhas. Se como cristão aponto os erros de outras pessoas de forma intencional ou acidental, certamente serei julgado por Deus por causa desse ato.

Aqui entra a questão da tolerância. Não devemos aqui incentivar a tolerância para com o pecado — isso não está em questão no texto, e sim dos irmãos uns para com os outros. Lembremo-nos ainda de que esses crentes estavam tendo sua fé provada por meio de diversas tribulações. Mesmo nesses momentos, não podiam ser descuidados com suas palavras, nem demonstrar ressentimentos ou frustrações contra seus irmãos.

Ainda sobre o quesito paciência nos sofrimentos, Tiago apresenta alguns exemplos de aflição e paciência: os profetas que

---

1 *Vicent — Estudo no Vocabulário Grego do Novo Testamento.* Rio de Janeiro: CPAD, p. 540.

falaram em nome do Senhor e Jó, o patriarca. Tiago não cita os nomes dos profetas, mas sabe que seus leitores estão familiarizados de tal forma com a história de Israel. Esses leitores vão se lembrar dos exemplos daqueles que foram enviados por Deus para fazer com que o povo de Israel andasse de acordo com a vontade divina.

Os profetas eram pessoas que pagaram um alto preço para manifestar a vontade de Deus de forma inconfundível. Não raro, Deus ordenava a esses homens que fizessem coisas muito diferentes para dar ênfase à sua mensagem.

E o que dizer de Jó? Ele era o homem mais rico do Oriente. Tinha 10 filhos, boa saúde, e era temente a Deus. Quando trata de Jó, Tiago destaca o fim que Deus deu a ele, e como foi misericordioso e piedoso. Mas ele destaca também a paciência de Jó ante a suas tribulações. Como sabemos, Jó era um homem rico, e perdeu todos os seus bens. Tinha uma grande família, e perdeu todos os seus filhos. Tinha uma boa saúde, e ficou doente de tal forma que sua aparência assustava. Mesmo sendo um homem íntegro, foi acusado de ter pecado contra Deus. Passou o tempo de sua tribulação sem respostas sobre o motivo pelo qual passava por aquilo, e teve de aturar amigos que interpretaram errado os acontecimentos de sua vida. Passar por tudo isso exige paciência, e muita. Não há registros de que ele tenha pecado contra Deus em todas essas coisas. Mesmo na pior das situações, envergonhou Satanás e seus propósitos malignos de demonstrar que o homem só pode ser fiel quando tem dinheiro ou quando tem boa saúde. Jó venceu, e Deus também.

Aqui cabe uma palavra. Deus não retirou o que Jó tinha: família, riquezas e saúde. Mesmo assim, o Criador retribuiu em dobro o que o patriarca possuía e havia perdido. Curioso é notar que Jó não pediu nada de volta em dobro. Sua postura foi dizer "Deus deu, e Deus tirou". Ele não fez exigências como se Deus tivesse obrigação de dar de volta o que tinha antes, como algumas músicas em nossos dias ensinam. E não há respaldo bíblico para tal prática, de pedir em dobro o que perdemos, como se fosse obrigação divina o reembolso de nossos bens.

Acerca dos juramentos

Quem nunca ouviu a expressão "juro por Deus"? Geralmente as pessoas costumam usar juramentos para dar crédito ao que estão falando. É como se um juramento fosse a garantia de que o discurso tem validade, que é confiável. Na prática, esse hábito não é bom, pois a Bíblia nos adverte a que tenhamos um discurso mais exato em nossa vida, e essa exatidão está vinculada à forma como vivemos. Se minha vida exala exatidão em agir conforme a vontade de Deus, certamente minhas palavras acompanharão a minha vida.

Não precisamos jurar por Deus nem por ninguém para que sejamos levados a sério. Jurar por Deus é considerado uma forma de usar o nome do Senhor em vão, quando isso é usado de forma leviana. Falar de forma desonesta usando o nome do Senhor não garante a bênção dEle em nossas vidas.

Havia permissão na lei de Moisés para se fazer juramentos? Sim. "O Senhor, teu Deus, temerás, e a ele servirás, e pelo seu nome jurareis." (Dt 6.13). E Jeremias 12.16 fala: "E será que, se diligentemente aprenderem os caminhos do meu povo, jurando pelo meu nome: Vive o Senhor, como ensinaram o meu povo a jurar por Baal, então edificar-se-ão no meio do meu povo". Na prática, fazer juramentos em nome dos deuses era comum para os homens antigos, e mesmo o povo de Israel poderia jurar em nome do Senhor. Entretanto, essa prática não poderia substituir uma vida de integridade e a vontade de cumprir os votos prometidos. Um israelita poderia usar o nome do Senhor em um juramento, mas apenas se temesse a Deus e o servisse, conforme consta em Deuteronômio. E esse tipo de prática poderia ser estendido a outros que aprendessem os caminhos do Senhor e o servissem. Portanto, quem temia ao Senhor e o servia com integridade poderia usar o nome do Senhor para jurar e cumprir o juramento depois.

A preocupação de Tiago não passa por essa questão, e sim com a desonestidade de algumas pessoas na congregação que aproveitavam o nome do Senhor para convencer outras. Por isso, é bom que em vez de usarmos juramentos, que tenhamos atitudes que garantam nossas palavras.

II. A UNÇÃO DE ENFERMOS E COMO DEUS OUVIU A ELIAS

Oração e cânticos

À medida que vai terminando sua carta, Tiago continua dando conselhos práticos aos leitores. Ele já recomendou paciência na tribulação, e agora apresenta um tratamento contra a aflição: a oração. Está alguém aflito? Ore. Nada melhor que pedir paciência a Deus em oração. Essa oração pode ser também pelo fim do sofrimento, pois ninguém, em sã consciência, gosta de passar períodos contínuos de sofrimento.

Precisamos entender que não somos imunes ao sofrimento, em qualquer de suas esferas, mas nem por isso estamos impedidos de pedir que Deus nos alivie do sofrimento. Jesus rogou ao Pai que se possível, retirasse dEle o cálice do sofrimento, e Paulo rogou ao Senhor que tirasse dele o espinho na carne. Faz parte da nossa natureza a busca pelo alívio do sofrimento, e isso em si não é errado. Entretanto, podemos entender que é errado passar pelo sofrimento murmurando e queixando-se de tudo e de todos. Tiago recomenda que oremos, portanto, quando estivermos em aflição. Assim, além de buscarmos conforto em Deus, evitamos pecar com a murmuração.

Como já sabemos, a vida do servo de Deus não é apenas de sofrimentos. Temos refrigério e muitos momentos de alegrias e vitórias concedidas por Deus, e devemos demonstrar nossa gratidão e alegria entoando louvores ao Senhor. Essa é uma forma de adoração a Deus que chama a atenção das pessoas à nossa volta. Adoramos a Deus com nossas atitudes, nossas orações e contribuições, mas também por meio de nossos louvores. Tiago repreende de forma enérgica a murmuração, mas incentiva a adoração e os cânticos.

Oração da fé

Ainda abordando a questão da oração, surge o tema da oração pelos enfermos. Havia certamente pessoas na congregação que adoeciam por diversos motivos, fossem eles genéticos, advindos de hábitos prejudiciais à saúde ou outros fatores. Desde a queda, o ser humano convive com doenças que se não matam em pouco tempo, debilitam ou tiram a capacidade de as pessoas trabalharem ou terem vida social.

> Tiago diz que devemos confessar as culpas uns aos outros. Ninguém está isento de pecar, nem mesmo na igreja ou no ministério. A confissão recíproca coloca confessor e ouvinte no mesmo polo, de forma que ambos se verão como pessoas que não poderão se orgulhar de seus feitos.

A Bíblia relata diversos casos de doenças. A lepra era uma das mais conhecidas nos tempos bíblicos. Além de afastar a pessoa de sua família e amigos, ia apodrecendo os membros do corpo do doente. Fluxos de sangue também eram conhecidos, a ponto de a Lei de Moisés alertar sobre a forma como uma pessoa deveria ser tratada nesse tipo de situação. Uma pessoa com fluxo de sangue se tornava anêmica, fraca e debilitada, além de carregar em si um pesado estigma social. É evidente que havia formas de curas nos tempos antigos, mas nem todas as doenças eram conhecidas e igualmente tratadas para que o enfermo fosse curado.

A oração da fé isenta o doente de buscar auxílio médico? De forma alguma. Buscar auxílio médico não deve ser interpretado como sinal de incredulidade. Tomemos por exemplo o caso de Jesus e os dez leprosos de Lucas 17. Jesus estava indo para Jerusalém e passou entre Samaria e Galileia. Entrando em uma aldeia, encontrou-se com dez leprosos que imploraram a cura do Senhor, e Ele os mandou apresentarem-se ao sacerdote. Por que isso? Primeiro, porque o sacerdote era quem declarava a pessoa leprosa, mas ele igualmente declarava a pessoa curada. E o curado deveria agradecer a Deus com uma oferta trazida por sua cura.

Não estamos isentos de buscar ajuda médica, no mínimo para descobrir que tipo de mal está nos acometendo e que tipo de tratamento nos pode ser ministrado. Mas não podemos nos esquecer de que servimos a um Deus que tem poder sobre todas as doenças, e que nos pode curar.

A oração da fé deve ser ministrada pelos presbíteros da igreja, que deveriam ungir o enfermo com azeite em nome do Senhor. O poder da cura estava em o nome do Senhor Jesus Cristo. Os presbíteros não realizavam a cura, mas deveriam orar ao Deus que tem o poder de curar.

Oração e perdão dos pecados

O verso 15 de Tiago 7 traz mais uma característica desse caso específico de oração pela cura: o perdão dos pecados. É possível haver conexão entre um pecado e uma doença, mas da mesma forma essa conexão pode não existir. Por isso, Tiago não diz "está doente porque cometeu pecado", mas diz "... se houver cometido pecados...". Tiago não vincula doenças a pecados, mas entende que esse vínculo pode existir.

Se este é o caso em tela, ou seja, se uma pessoa peca e fica doente, podemos entender que a busca pelos presbíteros da igreja — para que orem pelo enfermo — pressupõe um arrependimento do pecado cometido e a busca pela restauração física e espiritual. Sabemos que esses casos devem ser tratados de forma individual, pois Tiago não criou essa regra. De qualquer forma, por meio da oração, os pecados serão perdoados. O bem-estar físico e o espiritual são bênçãos de Deus para seus filhos, e Ele age de forma completa em todos os sentidos.

O que não pode faltar em qualquer desses dois casos é a fé. Se uma pessoa está doente por causa de um pecado, ou se está doente por outros fatores, ela deve buscar ajuda do alto com fé. Esse elemento é indispensável tanto para o doente quanto para os presbíteros que hão de orar. É a oração da fé, não a unção com azeite, que salvará o enfermo. A unção tem o sentido terapêutico e não pode ser dispensada, mas é a fé que trará a vida ao doente. Nossa oração, portanto, não pode ser apenas para receber a cura divina, mas também para que a nossa comunhão com Deus seja restaurada e nossos pecados, perdoados.

III. A IMPORTÂNCA DA CONVERSÃO DE UM IRMÃO

A confissão e a oração

O assunto oração continua sendo a tônica da parte final da Carta de Tiago. Ele já recomendou orar nos momentos de aflição, e para os doentes, que recebam a oração da fé feita pelos presbíteros da igreja. Agora Tiago trata da confissão feita por irmãos.

Confessar as culpas uns aos outros é uma prática que deveria ser mais comum em nosso meio. Isso não ocorre tanto porque, não raro, o confessante partilha detalhes de sua vida com pessoas que nem sempre possuem a maturidade necessária para ouvir e reter o que ouviram. É constrangedor quando uma pessoa se sente culpada de alguma falta e partilha o fato com alguém que logo depois de ouvir, passa a conversa adiante, expondo ao desprezo e ao escárnio, o confessante.

Tiago diz que devemos confessar as culpas uns aos outros. Ninguém está isento de pecar, nem mesmo na igreja ou no ministério. A confissão recíproca coloca confessor e ouvinte no mesmo polo, de forma que ambos se verão como pessoas que não poderão se orgulhar de seus feitos, e que precisarão orar uns pelos outros, como diz Tiago. Quem confessa e quem ouve deve orar um pelo outro, para que ambos sejam curados e restaurados.

A prática da confissão recíproca pode aliviar os sentimentos de culpa, desde que a confissão seja acompanhada da oração. Confissão sem oração em seguida, pode se tornar motivo de piadas, expondo o culpado a uma situação futura constrangedora. E quem ouve deve estar ciente de que não basta orar pelo confessor, mas que também não pode ele, o ouvinte, se tornar um canal de divulgação de pecados alheios. Isso pode esvaziar a intenção da confissão, pois se uma pessoa na congregação peca e busca ajuda em confissão e oração, ela espera que sua história se encerre ali mesmo. Portanto, usemos de sabedoria nessas horas.

Há casos em que a repercussão de um pecado pode trazer dificuldades à congregação. Nesses casos, é preciso que hajamos com sabedoria para não deixar de aplicar uma correção que sirva de exemplo a todos, mas que também possa recuperar o crente que pecou, de forma que ele não se afaste dos caminhos do Senhor.

Tiago trata também da oração de Elias, mas ele a utiliza como um exemplo para o fim do verso 16: "...a oração de um justo pode muito em seus efeitos". Quando o apóstolo trata de Elias e sua oração, ele ainda está discorrendo o assunto da confissão recíproca dos pecados e da oração para que o confessor seja sarado.

Elias, suas limitações e sua oração são apresentadas a seguir. Elias é um dos profetas mais conhecidos do Antigo Testamento, e seu testemunho é impressionante. Vindo de uma localidade chamada Tisbi, de difícil localização nos mapas de geografia bíblica, Elias confrontou o rei Acabe por causa de seus pecados e deixou claro que não choveria em Israel por três anos e meio, conforme sua oração. Depois orou novamente, e Deus mandou chuva sobre Israel, ao ponto de a terra produzir novamente seus frutos. Mas como Tiago começa tratando de Elias? "Elias era um homem sujeito às mesmas paixões que nós e, orando pediu que não chovesse...". O que Tiago quer realmente nos ensinar com isso? Que a nossa oração faz diferença. a oração de um justo pode muito em seus efeitos, e Deus espera que oremos a Ele.

Podemos não ter o ministério profético como Elias tinha. Podemos não ter um destaque na história bíblica, e ser tentados de todas as formas a ceder ao pecado, mas quando nos inclinamos diante do altar do Senhor, Ele nos ouve e vem em nosso Socorro. Não há como negar que a realidade à nossa volta pode ser modificada por meio da oração.

O irmão desviado

Tiago completa seu ensino olhando agora para as pessoas que um dia estiveram em nossas congregações e se desviaram da verdade. Ele não aborda o motivo pelo qual uma pessoa se desviou. Ele não entra no debate de ter sido justo ou não o motivo pelo qual a pessoa não congrega mais. Ele apenas diz: "... se alguém o converter...". São dizeres complexos, pois implicam que uma pessoa pode ter comunhão com os santos e um dia, ainda assim, se afastar. Esse texto pode ser de difícil entendimento para os que entendem que se uma pessoa estava na igreja e se desviou, na verdade ela nunca foi salva.

Pensemos nas implicações desse texto. Tiago diz que "... se algum dentre vós se tem desviado da verdade...", e isso dá claramente o entendimento de que uma pessoa que aceitou a Jesus pode um dia se desviar dos caminhos do Senhor. Discussões à parte, Tiago oferece uma grande solução, mais do que um grande problema: quem converte do erro um pecador salvará da morte uma alma, e cobrirá uma multidão de pecados.

Essa é uma mensagem que nos manda ser mais zelosos no cuidado para com os outros, seja fortalecendo os fracos em nossas congregações, seja evangelizando para apresentar Jesus aos que não o conhecem. Quem se desvia dos caminhos do Senhor pode receber o mesmo perdão que é oferecido àquele que nunca teve o conhecimento de Jesus Cristo.

Bibliografia utilizada neste capítulo

Manual da Bíblia de Aplicação Pessoal. CPAD

Vincent — Estudo no Vocabulário Grego do Novo Testamento. CPAD

Mathew Henry — Comentário Bíblico do Novo Testamento — Atos a Apocalipse. CPAD

Comentário Bíblico Beacon — Volume 10. CPAD

Comentário Bíblico pentecostal do Novo Testamento —Volume 2. CPAD

Comentário do Novo Testamento Aplicação Pessoal. CPAD

Teologia do Novo Testamento. Roy B Zuck. CPAD

Dicionário Vine. CPAD

Dicionário Bíblico Wycliffe. CPAD.

O Novo Testamento Interpretado Versículo por Versículo. Russel Norman Champlin. Milenium.

Uma Introdução aos Escritos do Novo Testamento. Erick Mauerhofer, Editora Vida.

Estudos no Cristianismo não Paulino. F F Bruce. Shedd Publicações.

Homens com uma Mensagem. John Stott. Cultura Cristã

Introdução ao Novo Testamento. D. A. Carson, Douglas J. Moo e Leon Morris. Vida Nova.

O Novo Testamento, sua Origem e Análise. Merril C. Tenney. Vida Nova.

Panorama do Novo Testamento. Robert H. Gundry. Vida Nova.